父から子に伝えたい
戦争の歴史

半藤一利

SB新書
584

はじめに

2021年1月12日、作家の半藤一利さんが永眠されました。

「歴史探偵」を自称し、幕末・明治期の「近代日本史」や、半藤さんが共に生きた「昭和史」と向き合い続けてこられました。歴史の生き証人たちへの徹底した取材と、細部にわたる史料の検証に基づいて紡がれた著作は、180冊以上。首尾一貫して、「昭和」とは何だったのか、「あの戦争」とは何だったのか、という本質的な問いに取り組み続けた一生でした。

その膨大な著作のエッセンスを抜き出し、再編集させて頂いたのが本書です。

明治に幕を開けた「日本の近代化」の歴史は、そのまま「あの戦争」へ向かう歴史でもありました。

「日本国民は世界でいちばん優れている」という同調圧力のもと、国家の中枢を担う人選を誤り、コロコロとトップは入れ替わり、そしてメディアは「さあ戦争戦争」と煽り立て、「あの戦争」へと突き進んでいったのです。

終戦から77年。今、世界は「第三次世界大戦」という最悪のシナリオが脳裏によぎる混沌のさなかにあります。

二度と過ちを繰り返さないために、私たちは歴史から何を学ぶべきか——半藤さんの著作には、令和の日本人が心に刻みたい珠玉のメッセージが星の数ほど書き記されています。

「あの戦争」を知る世代から次世代へ、本当の「戦争の歴史」を語り継いでゆきたい——という願いを込めて、本書のタイトルを付けました。

最後になりましたが、本書を制作させて頂くにあたり、多大なるお力添えを頂いた、半藤末利子さん、フリーランス編集者の山本明子さんに、心より御礼申し上げます。

SBクリエイティブ株式会社　学芸書籍編集部

『父から子に伝えたい戦争の歴史』　目次

第2章　幕末・明治日本と、戦争への道程

第3章 「あの戦争」とは何だったのか

第4章　私は歴史とともにいかに生きたか

第5章　過ちを二度と繰り返さないために、知ってほしいこと

第1章

日本人は、歴史から何を学ぶべきか

歴史は人間が作るもの

結局私なりに昭和という時代を総括すると、これは一言で言うのが難しいんですが、歴史は人間が作るものです。歴史というと、学校では年号を覚えたりすることが歴史ととらえられがちですが、そんなものは歴史の些事に過ぎない。

歴史は人間が作るもの。その人間が、どういうときに、どういうようなことをやったのかということに興味を持てば、歴史は無限に面白くなります。

『今、日本人に知ってもらいたいこと』（金子兜太氏との対談にて）

太平洋戦争ってナーニ？

昭和五十（一九七五）年春、毎日新聞が報じた記事の切り抜きがある。「太平洋戦争ってナーニ？」という調査であるが、山本五十六や東条英機はもちろん、太平洋戦争も、日本が戦争で負けたことすら知らない二十歳代の若者がいる、というのである。

……戦後の歴史教育の弊害は、教えなさすぎることにあったと思う。

事態は教育のワクを超えている。世界のなかの一国家として、この情況は、国際化時代を鉦《かね》や太鼓ではやしたてる以前の、許しがたい歴史的責任の放棄というほかはない。ことあるごとに歴史を正確に記述し、国家あるいは人間的責任の所在を明確にし、子や孫に重要な遺産として語りついでいこうとする欧米と、いまの日本の現状とでは天地雲壌《うんじょう》の差というほかはない。

『昭和と日本人　失敗の本質』

まずは知ること

よく「歴史に学べ」と言います。歴史を教訓にしようとする言葉が流行りますが、そうじゃなくて、「歴史を学べ」のほうが今の日本人には正しいと思います。まずは知ること、そうして歴史を学んでいれば、あるとき突然、目が開けるんです。

『半藤一利　橋をつくる人』

桜に思う

わたくしはこれまで沖縄攻防をめぐっての海軍の「神風」、陸軍の「振武」特別攻撃隊のことを調べ、取材し、そして書いた。そうして、そのつど、忘れることのできない特攻隊員の遺詠の一句をとりあげた。それをつくったのはだれであったか忘れたままに。

・散る桜残る桜も散る桜

それが最近になって判明した。米軍占領下の嘉手納飛行場に強行着陸して斬り込み、全員が戦死した義烈空挺隊の隊長奥山道郎大尉、その人。弟あての遺書に書かれていたという。

松尾芭蕉の桜の句がある。「さまざまの事思ひだす桜かな」。ほんとうに春は、生きることの悲喜こもごも、さまざまなことを思いださせてくれる。

『歴史のくずかご』

人間の歴史

……戦後の歴史教育に人間が消えてしまったのはどうしてなのか。

その理由は、歴史が社会科に組みこまれて、社会科学の抽象的な理論のようなものによって歴史が説明される傾向が強くなったからだ、と説明されている。……

なるほど、歴史というものを連綿たる人間の営みととらえず、切り抜き細工のように切りとって、経済的観点とか、階級闘争の視点でみようとすれば、歴史がつまらなくなるのは目にみえている。社会科学的側面は歴史の一面にすぎない。歴史または現実を動かすもっとも重要な要因である人間の心理や精神が、社会科学では無視されている。それが強調されていけば、歴史から生きた人間の姿は消え、〝人懐っこさ〟や〝あたたかさ〟は失われてしまう。つまりそれは人間の歴史ではなくなる。

『昭和と日本人　失敗の本質』

近江に文化の華開く

……歴史の面白さは、政治的な権謀術数と複雑怪奇をよそに、この新都・近江大津京を舞台に、日本古代の文化が大きく華開いたということである。飛鳥に発しておもむろに明けはじめた「万葉の朝」は、ここで完全に緞帳《どんちょう》を押しあげる。新しい大陸文化を吸収し、人びとは自由に風雅をたのしんだ。明るい舞台にならぶのは、額田王《ぬかたのおおきみ》、鏡王女《かがみのおおきみ》をはじめとする才女たち、柿本人麿、山部赤人、高市黒人《たけちのくろひと》などの若き才士たち。

『歴史をあるく、文学をゆく』

武士道の誤解を解く

「武士道というは、死ぬことと見つけたり」

これである。ただし、ひたすら死ぬことをすすめるだけの言葉にあらず。「人の命は知れぬ物にて候」「只今《ただいま》の当念より外はこれなきなり」などの言葉もある。つまり武士たるものはいつ死を迎えるかわからないから、朝夕心を正し、その日その日を最高に生きよ、とそう言っているのである。単に死ねばいいとする死に狂いや、尚武だけの言葉にあらず。戦争中の滅私奉公の鼓吹から、この言葉は妙に誤解されているような気がするので一言。

『名言で楽しむ日本史』

河井継之助の「飛躍」

……薩長軍は、不平不満の貧乏公卿を巧みに利用して年若い天皇を抱き込み、尊皇を看板に、三百年来の私怨と政権奪取の野心によって倒幕を果たそうとする無頼の徒輩にすぎない。この認識は、長岡藩家中一党のものであったであろう。王師ならば、戦いを好み、民を苦しめるものであるはずはない。だから、越後人には〝官軍〟などとはおこがましく、片腹痛いのである。あくまでも西軍である。

その西軍との小千谷での談判に敗れて帰路に就く継之助には、これから厳しい戦火が待ち受けているのである。敵の大軍を引き受け、己の決意のもとに藩の命運を賭し、歴史の流れに抗せねばならない。「かかる無謀の徒は王師ではない。挑まれた戦いに、われら立たざるべからず」と、覚悟は悲愴なもの。これまでの生涯を通して合理精神を貫いてきた男は、いっぺんに非合理へと飛躍するのである。

『歴史をあるく、文学をゆく』

靖国神社とは何か

……明治二年（一八六九）六月二十九日、明治天皇の「深き叡慮《えいりよ》によって」全国の招魂社をまとめ、「東京招魂社」が創建されることになった。しかも天皇の住まいする宮城の西北に。靖国神社のはじまりである。ただし賊軍の死者は祀られない。

死後の霊魂は、この世で行われる魂祭《たままつ》りにより安心をえられる。そう考えることが日本文化の伝統である。同時に、霊魂がこの世の人々を加護する働きをもつことも信じられてきた。そして西北は悪鬼悪霊が襲ってくる方角なんである。そこを抑える。

こう考えれば、靖国問題とは日本文化の問題なのであることに気がつく。

『名言で楽しむ日本史』

日本人は新しいもの好き？

……この年〔編集部注：明治四年〕の四月に出版された仮名垣魯文《かながきろぶん》『安愚楽鍋《あぐらなべ》』には、浅草に牛肉屋が誕生して大繁盛、牛乳（ミルク）・乾酪（チーズ）・乳油（バター）も売っている、とあって庶民をびっくりさせている。とにかく世をあげて文明開化が謳歌《おうか》されたのである。

こんな変り身の速さをみると、日本人は新しいもの好きな民族なのかと思われてならない。古い由緒あるものを叩き壊して恬《てん》として恥じないでいられるのもその所為か。そして日本人がすぐに熱狂的になりやすいことも、昔も今も変わらない。

『名言で楽しむ日本史』

探偵をやること

……熱狂に流されないためにはどうしたらいいか、と問われれば、歴史を正しく学んで、自制と謙虚さをもつ歴史感覚を身につけることです……そのために必要な歴史感覚を、どうやって身につけるのか。これはもう〔編集部注：坂口〕安吾さんがさかんに言ってたように、そこに書いてある歴史を頭から信じて読むんじゃなくて、ちょっとでもおかしいんじゃないかと思ったら、そこで立ち止まって、歴史探偵をやることです。ごくごく常識的にものを考えることです。冷静に、冷静に、真実を探りつづけることだ、と思うんです。

『あの戦争と日本人』

歴史の「真」を手に入れる

歴史における「真」と「実」の問題がここにある。事実としての「実」はちょっと史料をさぐれば、手に当たる。しかし「真」は、多くを読み、調べたところで簡単に手に入るものではない。常に歴史に親しみ、追体験し、想像力をふくらませ、よく考えながら育成していく「歴史を見る眼」の問題ということになろうか。自分の見方をもつことなくしては、歴史を楽しみ、そこから意義や教訓を多く引きだすことができないのかもしれない。

『昭和と日本人　失敗の本質』

満洲は失敗の研究の宝庫

維新以来の日本の近・現代史と大きく話を広げるまでもなく、日露戦争後から太平洋戦争の終戦まで、僅《わず》か四十年間の激動の中で、一番の焦点はこの満洲なのです。〝日本人の失敗の研究〟を示すのにいちばん学ばねばならないことだと思うのですが、ではこの満洲は何かということになると、やはり簡単にはいかない。

『昭和史をどう生きたか』（澤地久枝氏との対談にて）

アジアを忘れたとき、悲劇が起こる

日露戦争に勝って、そのあとに日本人の頭の中にあるアジアというものが吹っ飛んじゃうんですね。「脱亜入欧」という言葉があるように、相手にすべきは欧米諸国となった。日露戦争の前はアジアから山ほど留学生が日本に来ているんです。それが日露戦争が終わって明治四十年（一九〇七年）には、……どんどん追い出しにかかるんです。アジアというものを非常に軽蔑し始めるのが日露戦争後ですね。そういうふうに見ますと、日本の近代史というのはアジアとの関係をどんどん失っていくものだったということをわたしたちは理解しなきゃいけません。

『いま戦争と平和を語る』

農耕民族から狩猟民族へ？

日本人は農耕民族なんですね。農耕民族というのは一定の場所にいて、同じことを繰り返している民族のことです。自然の動きに一喜一憂している民族なんですが、それがいまどんどん騎馬民族というか狩猟民族に鞍替えするのかいな、と思うことがあります。弱肉強食が当然と思うようになった。農耕民族的な資質を日本人はずっと持っているんですが、これが嫌になってきているみたいですね。

『いま戦争と平和を語る』

英雄譚のほんとうのところ

当時の日本海軍にはとびきりの秘密兵器があった。機雷四個を長いマニラ索で繋いで敵の進路の前面に浮游《ふゆう》させる連繋水雷がそれで、これを水雷艇隊が敵前にばらまく。このとっておきの戦法が、本日は波高シで使えない、天気晴朗ナレド……という苦しい状況を秋山〔編集部注：真之《さねゆき》〕がそれとなく大本営に知らせたのが、実はこの名文句であったというのである。……

ほんとうのところ、常に戦闘の勝敗とは紙一重でどっちへ転ぶかわからないもの、秋山参謀が「波高シ」をうらんだのは真剣に作戦にとり組んでいるゆえなのである。

歴史的事実はえてしてそういうものである。それが海戦大勝利の祝盃を重ねているうちに、あったはずの危機がまるでなかったように埋められ英雄譚になっていく。

『歴史探偵かんじん帳』

乃木大将の茶目と思いやり

饅頭を喰ふにつけてもおもはるる饅頭山のとれぬかなしさ

明治三十七（一九〇四）年、旅順《りよじゆん》攻略は遅々として捗らぬときの、乃木希典《のぎまれすけ》大将の詠んだものである。乃木といえば殉死がすぐ想起されるような、謹厳実直の人柄しか浮かばないが、一面ではこうした茶気をもっていた。そして旅順開城にさいして「敗将の身にもなって考えてもみよ」と、アメリカからはるばるきたニュース映画班に会見の場へ入ることを断じて許さなかった、というサムライ精神をもっていた。この思いやりこそ乃木の人間味であろう。この人間味は、かの歌の素朴さとユーモアを楽しめる人にして、はじめてもちうるものである。その乃木の名を知る若者はぐんと少なくなった。

『昭和と日本人　失敗の本質』

苦沙弥先生の煙草の銘柄

夏目漱石『吾輩は猫である』を再読していたら……はじめのほうでは主人公の苦沙《くしゃ》弥《み》は煙草の「日の出」をふかしている。……実は、明治三十七年（一九〇四）七月一日、漱石がこの小説を書きつづけている真っ只中に、煙草専売法が施行され、私企業での煙草の製造および販売は許されなくなった。そのために「日の出」は店頭から消え、かわりに官製煙草として宣長の和歌に発する敷島・大和・朝日・山桜の四種類の口付き煙草が売り出された。それで小説の主人公の吸う煙草が変ったのはやむなくなんで、まったく他愛のない答えとなる。

『歴史のくずかご』

「洲」にこだわる理由

昭和になって日本が国防のための「生命線」の地であると、その満洲族の住む大地に目をつけた。昭和六年（一九三一）九月、謀略的に戦火を起こし軍を進出させて、翌七年三月に傀儡《かいらい》国家を作ったとき、清王朝の後裔の愛新覚羅ナニガシを皇帝に引っぱり出して、満洲帝国とした。すなわちこの新国家は満洲族帝国であったのである。広州とか杭州とか徐州とかの都市を意味する州とは、まったく異なる。

そして昭和史のさまざまな事件そして戦いは、もとをただせばこの〝赤い夕陽〟の満洲に発する。で、わたくしは頑冥固陋《がんめいころう》に「満洲」と書くのである。

『歴史のくずかご』

先見の明があだとなる

「そして石原〈編集部注：莞爾〉は最後にこういうんですよ、『自分は陸大同期の秩父宮を説得し、軍を克服してみせる。君には政界方面の説得を頼む』とね。大地図をひろげ、数字をならべて、文字どおり夜の更けるのも知らずに、私は聴き入りましたね」

これが浅原健三が語った石原のナマの声ということになる。

こうした先見も容れられず、いやこの先見あるがゆえに石原は中央を追われた。結果として、精細緻密な戦理を無視し、曖昧いい加減のままに、ただ勇ましい「中国一撃論」のみがひとり歩きしてはじめられた日中戦争は、半年後には石原の予言どおり「長期持久戦」に戦術転換せざるをえなくなった。

『歴史探偵の愉しみ』

焼モロコシにみる告発

……想い出されてくるのが、東大卒業後に召集され、日中戦争に参加して戦死した太田慶一『太田伍長の陣中手記』のこと。……享年二十七。その太田伍長が手帳に

「食べたい物のメモ」を残している。

《牛肉の大和煮、焼のり、氷ざとう、さらしアメ、マーマレード、麦らくがん、唐がらしセンベイ、小倉ヨーカン、黒アメ、焼モロコシ。》

焼モロコシには特に○印、よっぽど食べたかったのであろう。嶋田〔編集部注：繁太郎元海軍大将〕のそれとは違って、ここには戦争の残酷さというものへの静かな告発がある。

『歴史のくずかご』

昭和史によこたわる天皇の二重性

……昭和史の諸問題の根源には「天皇陛下」と「大元帥陛下」の二重性がつねにある、とわたくしは考えています。……この問題への冷静な研究なくしては日本の現代史は書けないのではないか……

『清張さんと司馬さん　昭和の巨人を語る』

天皇にも嘘をつき

……東条が「南方要域を確保して長期戦の基礎をつくることができる」と突っぱねれば、「もちろん、その見通しなくば日米戦争は不可である。いままでの説明によれば未知数の点があまりに多い。アメリカが現在のような戦力増強をつづけていくかぎり、危険性はあまりに大きいのではないか」と岡田はやり返している。

……参謀本部の覚書が、開戦反対の現状維持論を力説したのは岡田、若槻〔編集部注：岡田啓介と若槻禮《れい》次郎〕としたのは、まったく正しかった。しかしこの二重臣の必死の正論もまったく甲斐なく、会議は「政府が責任をもって善処するという以上、信頼するほかはあるまい」という結論をもって散会した。そして東条は天皇に全員一致で戦争を決意したことを報告したという。やんぬるかな、と思うほかはない。

『歴史探偵の愉しみ』

テレパシーでスミレサク

……川崎展宏《てんこう》さんの句に、「戦艦大和（忌日・四月七日）一句」と前書きのある、だれもがあげる代表作がある。

・「大和」よりヨモツヒラサカスミレサク

ヨモツとは黄泉《よみじ》、あの世である。ヒラサカは平坂と書き、あの世とこの世の境にある坂。……戦艦大和は昭和二十年（一九四五）四月七日、九州坊ノ岬沖で撃沈された。戦死者は三千五十六人、そのうちのだれかがあの世へゆく途中の坂道の草叢《くさむら》にひっそりと咲く菫《すみれ》の花を認めたのであろう。そのことを知らせる無線電信。作者の川崎氏はこのとき十八歳。大和の自分と同じ年ごろの通信兵が「ト・ツー・ト・ツー」と打ったのであろうモールス信号を、テレパシーで感じとり書きとめたのである。

『歴史のくずかご』

司馬さんの真意

「……これまでの歴史を見る限り、日本民族はテンションョン民族というほかはない。その狂気の部分だけを引き出すアジテーターが出てくると、現実から遊離しちゃう。大遊離したのが太平洋戦争です。四十何カ国と戦う、一国で。こんなばかばかしいことをやった国は世界中にない。私はそんな民族に属していることが不意に嫌になることがある。これほど自分の民族を愛しているのに」

こう言ったときの、司馬〔編集部注：遼太郎〕さんのほんとうに寂しそうな顔をいまでも思い出せます。……ただ、もしかしたら司馬さんは日本人を根底から見放したくないばかりに、昭和という時代に「異質な、異常なとき」という否定的な価値判断をあえて下しているのではないか。そう断じることで救いをえようとしているのではないか。そんなことがふと考えられたものでした。

『清張さんと司馬さん　昭和の巨人を語る』

〝葉っぱ〟にやどる生きる糧

〝ことば〟とは言の葉、樹木の幹ではなくて一片の葉っぱである。……日本の歴史には、華々しく、あるいはひっそりと登場し、何事かをなし、急ぎ足で退場していったすばらしい人々がいる。そうしたいろいろな人が残した……立派な言葉、情けない言葉、力強い言葉、愚かしい言葉……

これらの〝ことば〟を、単に遠い昔の人の話と受けとるのはよろしくない。歴史が現代の延長でなくて何であろうか。歴史をつくってきた人物が自分たちと同じ人間であり、現在にそのまま生きていると身近に感じられなければ、歴史を読んだり語ったりする意味はない。自分たちのいま生きるための糧がこの葉っぱにあるのである。

『名言で楽しむ日本史』

鈴木貫太郎を動かした天皇の一言

鈴木が必死の面持ちで、これこれこういう理由で、異例のことながら大任を辞退したい旨を述べると、天皇は……

「頼むから、どうか、まげて承知してもらいたい」

といった。もともと後継内閣の組閣は天皇が命じるもの。帝国憲法の示すところである。にもかかわらず、天皇は「頼む」といった。老大将は深々と頭を下げた。

さて、鈴木貫太郎は首相に就任すると、前例を破って、さながらやる気満々であるがごとくに、自分の写真入りのポスターを街まちに貼り出した。それには「国民よ、私の屍を乗り越えて進め」とかかれてあった。

『ぶらり日本史散策』

一点集中、大事を成す

……勝海舟にしろ鈴木貫太郎にしろ、国のためを思って行動した「偉人」という印象を読者に与えているかも知れませんが、わたくしは近ごろ、でっかいことをやった人物というのは、あまりでっかいことは考えてなかったのではないかと思うようになりました。勝の場合は徳川慶喜の命を救うため、鈴木貫太郎さんは戦争終結を求めた昭和天皇の願いを実現するため。「この人を助けたい」と本気で思った。そういうことなのでは、ないですかね。その一点に集中してやったことだったようにも思えるのです。でっかいことを大義名分にしてコトを成そうとすると、きまって途中で腰くだけとなる。そんな気がしてならないのです。

『歴史に「何を」学ぶのか』

天皇とマッカーサーの「合作」

……敗戦となって、老臣や古くからの側近が去り、助言者のほとんどいなくなった天皇は、みずからが体当たりで、その人間性だけを武器に、勝者の最高司令官とぶつからねばならなかった。

……戦後の米ソ〝冷戦〟を予見しつつ、民主主義国家としての日本再建にあたる、いわば〝共同指導者〟の意識のもとに結ばれた会談でもあったのである。

……いずれにしろ戦後日本の占領期間というのは、ある意味では天皇とマッカーサーの合作ではなかったろうかと思われるところが若干あるわけで、そこに歴史を知ることのおもしろみもあり、楽しさもあると思います。

『マッカーサーと日本占領』

人にはそれぞれ理由がある

戦争を戦って帰ってきながら、まったく語らず無言のままの人が大勢いました。小沢治三郎、栗田健男、宮崎繁三郎……逆にたくさん語った人もいた、あるいは嘘を言ったり、弁解ばかりする人もいた。語らざる人はなぜ最後までこうも無口だったのか、それにはちゃんと理由がある。この人はどうして嘘をつくのか、それも何かある。たくさん見てきて、やっぱり人間というのは実に面白いと思った。

『半藤一利 橋をつくる人』

日常にひそむ本当の歴史

……映画〔編集部注：「スミス都へ行く」〕はアメリカの民主主義のすばらしさを画いたものであったが、ストーリーなどこの人〔編集部注：田村隆一氏〕にはどうでもよかった。

政界のカラクリなどとんと存じない田舎ものの青年議員ジェイムス・スチュアートが、古狸議員の策謀にうまうまと乗せられて、悪徳議員にしたてられて意気消沈、理想と現実の相剋に悩み、議員を辞めようとする。

そのかれを、秘書のジーン・アーサーが励ますのである。

「この世のすばらしさは、マヌケといわれた人びとの信念の賜物《たまもの》なのよ」

この人はこのセリフに感動して、ポロポロ涙をこぼした。外は、ちっともすばらしいことのない、殺伐たる非常時であった。

こうした話をこつこつ拾っていると、歴史の真実を知るために、求めるべきは逸話や美談でなく、人間そのものの生きようである、と思えてくる。

『歴史探偵かんじん帳』

自虐史観ものともせず

十二月八日は何の日か、と問うて正しく即答できる若い人が近ごろは少なくなった。

昭和十六年（一九四一）のこの日、いわゆる真珠湾奇襲攻撃によって、大日本帝国を亡国に導いた対米英戦争が始まっている。

私はこれまでに何度もこの日のことを書いたり、喋ったりしてきた。そのたびに「愚かな開戦であった」と断定している。昔はそうでもなかったが、いまは「愚かとは何事か。それこそ自虐史観というものだ」と叱りつける人が多くなっている。でもやっぱり指導層の冷静さを欠いた愚かな判断による戦争であったと考える。この考えを改める気はない。

『歴史のくずかご』

いくつになっても

歴史探偵の自称の上に、近ごろは「昭和史の語り部」との大そう気に入った称号をいただいているが、それもこれもこうした踏ん張りを積み重ねてきたからではないか。人間、いくつになっても勉強が大切であることよ。たとえ、若者に「爺さん、いい加減にしなよ」といわれようとも、である。

『昭和と日本人　失敗の本質』

第2章

幕末・明治日本と、戦争への道程

本当の薩英戦争

……戦前に私たちは、薩長史観で「薩摩がイギリスを追っ払った」というように教わりました。

しかしそうでもなさそうで、向こうの事情を調べれば、どうも石炭と砲弾と食糧が乏しくなったために戦闘を打ち切ったようです。……ただしこの時の戦いと講和会議によって、双方が非常に引き寄せられました。イギリスが薩摩をかなり信用し、薩摩もイギリスはなかなか紳士的ないい国であると知ったため、後にイギリスが薩摩側につくという構図が出来上がるのです。

ですので、薩英戦争はあながち無駄ではなかったともいえます。同時に、薩摩はこの経験からしっかりと学び、もはや攘夷など不可能であると、藩論を開国にひっくり返すというか元に戻し、この後は全面的に開国を主張するようになります。

『幕末史』

近代日本のスタートは外からもたらされた

……私はむしろ、ペルリが来て十二年後、慶応《けいおう》元年（一八六五）に、京都の朝廷までが日本を「開国する」と国策を変更した、その時を近代日本のスタートと考えたほうがいいと思っています。

……結局、日本の力では外国人を追っ払うことはできない、国を開いて世界の国と付き合わざるを得ないと京都の朝廷も決定せざるを得なくなった、「攘夷のための開国」というわけです。これが慶応元年なんですね。日本はこの時、国策として開国を決め、そこから新しい国づくりといいますか、世界の文明と直面しつつ自分たちの国をつくっていかなければならなくなりました。

『昭和史　1926-1945』

時代が求めた二人

幕末というのは、実は水面下で、剣の刃の上を渡るようないろいろ複雑な動きがあったわけです。そんな危険な心理戦を見事に戦い抜いたのが、ほかでもない勝海舟と西郷隆盛だった。

時代が求めたのでしょうか。天の采配《さいはい》とはいえ、幕末の役者は格が違います。時代がどのように動こうとも、戦争は空しいだけです。真の勝者とは、武力戦争を全知全能をしぼって回避し得たものではないでしょうか。

『もう一つの「幕末史」』

尊皇攘夷は口実だった

……有馬〔編集部注：藤太《とうた》〕はびっくり仰天し、さっそく西郷さんのところへ飛んで

行くと、

「……ありゃ手段というもんじゃ。尊皇《そんのう》攘夷というのはね、ただ幕府を倒す口実よ。攘夷々々と言うて、ほかの者の志気を鼓舞するんじゃ。つまり尊皇の二字の中に倒幕の精神が含まれておるわけじゃ」

と真意を話した——というのです。

……西郷隆盛という人は幕末維新の指導者のなかでも稀《まれ》にみる誠実な人物だと考えていますが、一方では、きわめてリアリスティックな革命家の貌《かお》も持っていたと思います。

倒幕派の公家の最高実力者であった岩倉〈編集部注：具視《ともみ》〉や、西郷や桐野〈利秋〉の長年の同志だった有馬でさえ、最後の段階まで、「尊皇攘夷」の旗印に騙され煽られていた。必ず実行されるものと信じていた。その他大勢はもちろんです。

『もう一つの「幕末史」』

「思想はあとからでいい」

……攘夷がきちんとした理論でもって唱えられたことはほとんどなく、ただ熱狂的な空気、情熱が先走っていた、とそう申しあげるほかはない。時の勢いというやつです。……どんどん動いていく時代の空気が先導し、熱狂が人を人殺しへと走らせ、結果的にテロによって次の時代を強引につくっていく。テロの恐怖をテコに策士が画策し、良識や理性が沈黙させられてしまうのです。むしろ思想など後からついてくればいいという状態だったのではないでしょうか。いつの時代でもそうですが、これが一番危機的な状況であると思います。

『幕末史』

維新運動は革命であった

……その夜、上洛してきた諸侯が会同しての小御所会議《こごしょかいぎ》がひらかれ、徳川家にいわゆる「辞官納地」の厳命が下される。「それでは地位も身分も財産も、徹底的に奪いとることになるではないか」「そのとおりである」「いくら何でも強引な処置すぎる、これでは戦争になる」と、山内容堂や松平春嶽の反対意見。これに岩倉が真っ向からやり合い、会議が紛糾《ふんきゅう》したとき、禁門の守衛についていた西郷隆盛は叫んだ。「議論なんかでは埒《らち》があき申さん。最後の手段をとる（反対するヤツは殺せ）のみでごわす。岩倉さんにそういってくれ」と。

かくて王政復古の大号令が出される。大久保一蔵は言った。「慶喜など恐るるに足らず。逆らえば抹殺《まっさつ》するのみ」と。維新運動が革命であったことがよく分かる。

『名言で楽しむ日本史』

勝っつぁんの本気

……勝さんの真価が発揮されたのが、イギリス公使パークスとの直談判だと思います。……

「いずれは新政府が引き継ぐことになるけれど、これまで幕府がやってきた外交交渉のなかで当面解決すべき問題がいくつかあり、それを片づけるためには公使に直接会って話をしなければならない」

という建前で〔編集部注：慶応四年〕三月二七日に、横浜のイギリスの領事館に直接出かけて行くんです。

……たぶん水筒と弁当も用意して、朝から晩まで待つことぐらいは覚悟して、待っていたんでしょう。……

あの短気な江戸っ子が、よくぞ辛抱したと思いますが、このままでは、本気で帰らないつもりのようだ、と、最後はパークスのほうが観念して、夕方になってしぶしぶ勝の前に姿をあらわします。

『もう一つの「幕末史」』

江戸無血開城は『墨子《ぼくし》』の非戦論の実行？

……推理をひろげれば、海舟がやってのけた大事業たる江戸無血開城も、すでにふれたように『墨子』の非戦論の哲学をそのまま実行に移したものであった、と断言したくなってくる。

海舟は山岡鉄太郎に託して駿府の総督府にいた西郷に送った手紙に、墨子のいう「所攻者不利、而攻者亦不利、是両不利也」とほぼ似たような主旨の文句を書きつらねている。

「(われらが恭順の礼を守るのは) 皇国当今の形勢、昔時《せきじ》に異なり、兄弟牆《かき》にせめげども、外その侮《あなどり》を防ぐの時なるを知ればなり」

つまり戦うことは敵も味方もない、国家全体にとって大損になるゆえなり……。

『墨子よみがえる』

名利も命も捨てた西郷さん

……わたくしは、反薩長で、子どもの頃から違和感を感じていたなんて偉そうなことを言ってますけど、やっぱり西郷さんの、命もいらない、名利もいらぬ、何もいらない、お前達は位階勲等出世を求めろ、俺は鹿児島に帰る、というのを見ると……ああ、いいなと思っちゃうじゃない（笑）。……でもやっぱり、西郷さんという旧式な人が退場しなければ、死ななければ、文明の近代国家はできなかったでしょうね。新時代にはもはや必要な人にあらずと、天がさっさと天界に召されたのかもしれません。

『あの戦争と日本人』

人材登用が鍵

それにしても、幕末には本当によき人材がそろっていましたね。

別の見方をすれば、この時代の最大の政治的変革は何か、それは人材の登用であった。

……実力主義、実績主義でどんどんこれはという人物を起用した。……組織の論理ではなく、すぐれた人材を登用すれば歴史は変わる、ということであったわけです。

……徳川慶喜《よしのぶ》は、そうしませんでした。……象山、海舟、原市之進、西周《あまね》、それに福沢諭吉を加えてもいいでしょう、幕臣のこれほど優秀な人材を誰も登用しなかった。

……これではとうてい政治改革の柱になることはできません。

――と書いてくれれば、幕末史から何が学べるか、何を学ぶべきかは、自然と明瞭になってくるでしょう。

『もう一つの「幕末史」』

徳川幕府と大日本帝国

……徳川家のおしまいを見ると、昭和二十年の八月の大日本帝国のおしまいとまことによく似ているなあと感じます。勝海舟が鈴木貫太郎総理大臣、大久保一翁が米内《よない》光政《みつまさ》、小栗忠順が阿南惟幾《あなみこれちか》というふうに置き換えますと、その行動はかなり類似しているように私には思えるのです。

『幕末史』

天皇も駒に過ぎなかった

桂小五郎（後の木戸孝允）が書いた手紙のなかに「その期に先んじて甘《うま》く玉《ぎょく》（明治天皇）を我が方へ抱き奉《たてまつ》り候……万々一にも（玉を）かの手（徳川方）に奪われて候ては……芝居大崩れと相成り、三藩（薩長土）の亡滅は申すに及ばず」とあるように、天皇も倒幕のための駒《こま》にすぎない、という冷徹さを薩長の指導者たちは有していました。それは公家たちと共謀して、やたらにニセの詔勅を乱発したり、錦《にしき》の御旗《みはた》を勝手にこしらえたりしたことからもうかがえます。

『もう一つの「幕末史」』

龍馬暗殺の「真相」

……龍馬はいまや武力討幕などとんでもない、大政奉還をして徳川家が一大名に下がったのであれば、これからの日本は「船中八策」のように万機公論に決すべしで、それぞれの藩が有能な議員を出して皆で会議をし、一致した意見で国家を運営していくべきである、と今日の政治形態のようなことを考えています。……権力を武力によって勝ち取ろうと意図している薩摩にとっては坂本龍馬は邪魔なんです。とんでもなく面倒くさい男なんです。

……この日〔編集部注：龍馬が暗殺された日〕の朝、大久保利通が京都に入っています。そこで大久保が見廻組〔編集部注：暗殺を行ったとされる京都の治安維持組織〕に龍馬の居所を教えた――というのが私のとっている説です。総指揮をとった佐々木只三郎はその後に戦死してしまいますし、見廻組はそのことについては一切口をつぐんでいてわかりません。ですから、証拠のない探偵的な推理でしかありませんが。

『幕末史』

戊辰戦争の「関ヶ原的観点」

それにつけても、戊辰戦争とは、いってみれば幕末の〝関ヶ原の戦い〟であったな、と考えています。日本全国の各藩にとっては、どっちへついたらいいかだけが関心事であった。つまり藩の存続だけが気がかりで、もっと大きな文明史的な意義を考えたものはほとんどいませんでしたね。戦いが終ったときに、島津久光は「わしはいつ将軍になれるのか」と側近に尋ねたといいます。真偽のほどはわかりませんが、まさに関ヶ原的な観点しかなかった話であります。

『幕末史』

歴史は都合よくつくられる

……まさに幕末のこの時から日本人が、戦前の薩長史観が語るような天皇中心の皇国日本という考え方で国をつくりはじめた、その先頭に立った明治天皇は偉大なる天皇であり、明治維新は天皇の尊い意志を推戴《すいたい》して成しとげた大事業であるなどという、そんな薩長に都合のいい一方的なことでは（私たちは戦前にそう習いましたが）まったくないんだということを、ここで申し上げておきたいのです。ここが幕末・明治にかけての一番大事なところでもあります。

『幕末史』

「富国」と「強兵」は両立しない

俗に明治政府の大方針を〝富国強兵〟と言いますが、よく考えると「富国」と「強兵」はなかなか両立しない政策なのです。軍隊を強くしようと思えばお金がかかるし、商売を盛んにしようとすれば簡単に戦争はできない。二律背反ですね。

国家財政が貧弱なのに、そんな余裕はないという現実論を主張した大久保が「富国」を代表し、永久革命の精神に基づく理想論を唱えた西郷が「強兵」を代表していたとすれば、いつかは衝突する宿命にあった、そう考えるほかはありません。

『もう一つの「幕末史」』

廃藩置県の禍根

……県名と県庁所在地の違う県が一七あり、そのうち朝敵とされた藩が一四もあり、残りの三つは小藩連合県である。つまり、明治四年（一八七一）廃藩置県で県ができるとき、県庁所在地を旧藩の中心都市から別にされたり、わざわざ県名を変えさせられたりして、賊軍ばかりが差別を受けたと、宮武外骨はいっているわけです。……

また、公共投資で差別された面もあります。だから、賊軍と呼ばれ朝敵藩になった県は、どこも開発が遅れたのだと思いますよ。

『賊軍の昭和史』（保阪正康氏との対談にて）

戦争は碩学の頭も変える

福沢諭吉が「時事新報」に書いた日清戦争中の「日本臣民の覚悟」というのが、面白いのでちょっとご紹介します。

一つ、官民共に政治上の恩讐を忘るることとなり

二つ、事の終局に至るまで謹んで政府の政略を非難すべからず

三つ、人民相互に報国の義を奨励し、その美挙を称賛し、また銘々に自ら堪忍するところあるべし

福沢諭吉がとくに戦争が好きだったとは思えませんがね。……明治政府を評価するんですね。そういう意味でも、日清戦争は、福沢諭吉のような碩学の頭すら変えたんです。

『徹底検証　日清・日露戦争』（秦郁彦氏、原剛氏、松本健一氏、戸高一成氏らとの座談会にて）

なんのために海軍に入ったのか

彼〔編集部注：鈴木貫太郎〕は堪忍袋の緒を切った。こんな不公平な人事をする海軍にはもういられないと、一度、海軍を辞めようと決意したんですよ。

ところが、郷里にこのことを伝えると、お父さんから手紙が来た。

「おまえは出世するために海軍に入ったのか。国のために尽くすために入ったのではないか。国家のために尽くさなければならないおまえが、なぜ、そんなつまらないことで腹を立てるのか」

父親から手紙で諭《さと》されて、彼は辞意を翻し、海軍に残りました。……あのとき鈴木貫太郎が海軍を辞めていたら、日本という国の運命はどうなっていたかわかりませんよ。

『賊軍の昭和史』（保阪正康氏との対談にて）

うらみと敵愾心《てきがいしん》が日露開戦を導いた

……この強硬論の裏には世界五大強国の一であるロシアへの恐怖がある、脅威がある、とも思える。そうであるからいっそう、日本は脅迫してやるだけで引っこんでしまうに決まっている、といった恫喝《どうかつ》に、何ぞ屈してなるものか、という三国干渉いらい骨髄にたまったうらみと、いつの日にかそれを晴らしてやるぞという敵愾心とが、いっぽうにたしかに胸底に燃えたぎっていた。

こんな風に、日本人の一人ひとりの心の奥底にあるものは複雑であり、いろいろであったであろうが、それが〝祖国は強くあれ〟、という想いでひとつにまとまるのに、これからあとそれほど時間はかからなかったのである。

『日露戦争史1』

世論を盾にするこわさ

……ジャーナリズムが煽ることでたしかに世論が形成される。その世論が想定外といえるほど大きな勢いをもってくると、こんどはジャーナリズムそのものが世論によって引き回されるようになる——ということについてである。煽られた世論の熱狂の前には、疑義をとなえて孤立する言論機関は、あれよあれよという間に読者を失っていく。部数を落としていく。しかも恐ろしいことは「国民の声」であるからということで、ジャーナリズムのみならず、政治・軍事の指導者の判断がそれに影響されていく。……彼らは世論を盾《たて》にすることで、みずからが負っている言論の責任をすべて不特定多数の「国民」に移してしまうことができる。そしてそうすることによって、いっそう強い勢いで、これは下からの声であるからという理由をもって、そこが断崖絶壁の危地であることを承知で、何千何万の民草に〝突進〟を命ずることができるようになる。

『日露戦争史1』

ノー・リターン・ポイントについて考える

歴史には、あとは一瀉《いっしゃ》千里に突き進むよりほかはない時点があるのかもしれない。いわゆるノー・リターン・ポイント（引き返せぬ地点）である。

戦前の昭和では日独伊三国同盟を締結した十五年（一九四〇）九月二十七日がそれであったろう。それが明治時代にあっては、三十七年（一九〇四）一月十二日の御前会議がそのものはや引き返せないときであった、と思われる。……これまでに互譲の精神で度重なる修正を日本が加えてきたにもかかわらず、ロシア（帝政ロシア）は返事を保留してひきのばす。これは間違いなく戦争へ向けた最終的準備に余念がないからである、とみるほかはなかった。

『日露戦争史1』

「はじまればあとからついてくる」

……対露開戦前の緊張と不安と憂慮とが、〝勝利〟の二文字の連続であっという間に吹っ飛んで、いまや意気軒昂そのものになっている明治の民草の生活と意見がホーフツとしてくる。……とにもかくにも陸海競っての連戦連勝には、解放感と大歓喜とを存分に爆発させないことにはおさまらない。日本の民草とは、たしかに小村寿太郎外相がいみじくもいったように、「はじまればあとからついてくる」純なる心の持主ばかりであるのかもしれない。

『日露戦争史2』

戦略は政略に協調すべきもの

……日露戦争開始に至るまでの経過というものが、いかに周到であり慎重であり、政略と戦略との一致が十二分に考えぬかれたものであったかがわかる。戦略は政略に協調すべきものであり、それ以上に戦略そのものが味方までだます嘘で固めたものであってはいけない。「戦争は他の手段をもってする政治の延長にあるもの」とクラウゼヴィッツも名著『戦争論』ではっきりいっている。戦略が政略の先きにいってはいけないのである。太平洋戦争直前のわが国の指導者がいかにお粗末なものであったことか、あらためて慨歎するほかはない。

『日露戦争史1』

高橋是清の裏ではじかれたソロバン

……高橋はあるアメリカ人を紹介される。ニューヨークの大財閥クーン・レーブ商会の首席代表者ヤコブ・シフがその人。……

翌日、パース銀行の頭取から、シフ氏が「日本公債の残額五百万ポンドをすべてひき受け、これをアメリカで発行したいがどうであろうか」といっていることが高橋に伝えられる。……高橋はいささか戸惑ったのである。しかし、何はともあれ、まさしく天佑なりと二つ返事でこれを応諾する。

『高橋是清自伝』には、ユダヤ人弾圧を重ねるロシアを転覆もしくは弱体化させる意図があって、シフが親日的行動をとったとされている。これがいわば定説となっているのであるが、さてどうであろうか。国際情勢にめざとい投資銀行家が、戦後のアジア市場の急変するであろう動向に素早く目をつけた、とみたほうがいいのではないか。冷徹なソロバン勘定が裏ではじかれていないはずはない、と考えるのであるが。

『日露戦争史2』

世界を味方にし損なった軍部の秘密主義

……世界の輿論《よろん》を味方にひきよせるためには、戦場での勝利と同じくらい、情報そして宣伝が大事、それこそが有力な勝つための武器であることに、明治の日本人の大方はさすがにいまだ気づいていなかったことがわかる。強国を敵として戦わざるをえない軍部が、できるかぎり秘密主義をとるのはごく自然の理で、作戦は秘にして密なるを要することは理解できるとしても、将来の講和問題における各国の同情と理解とを考えると、ゲイシャ・ガールと大宴会ですべてをすまそうとするのでは、あまりにも日本的で、事はいささか噴飯《ふんぱん》にすぎる。それに世界の常識からはかけ離れていすぎる。

『日露戦争史2』

日本に負けてくれたロシア

……従軍記者弓削田精一の驚きの文章を引用する。

「首山九十九米突《メートル》の高地に上れば、遼陽は眼下にあり。首山が唇ならば遼陽は歯なり。我は敵を追撃してギリギリ遼陽に入らんのみ。もはや多大の損害を賭して危道を踏むの必要はなくなれり」

日本軍が勝ったのではなく、ロシア軍が勝手に退いていってくれたのである。自分で転んで負けてくれたのである。

『日露戦争史2』

つらぬかれた日本男子の美学

リューリックの乗組員は、艦載ボートがすべて破壊されたために、海中に飛びこんで救命具や木片につかまって波間に漂っていた。幸い波は荒立っていなかった。視界は良好。その様をみると、上村〔編集部注：彦之丞〕長官はただちに命令を発した。

「溺れるものをことごとく救助せよ」

そして、個人的な恨みを捨て、手厚く扱うようにせよ、とつけ加え、「逆流する渦に苦しむ敵を看過するのは、日本男子のすまじきことである」ともいった。

こうして救助されたロシア兵は六百二十六名。百七十余名が戦死したと推測される。

『日露戦争史2』

少女は誰も戦争ぎらいに候

「日本国民として許すべからざる悪口なり、不敬なり、危険なり、乱臣なり、賊子《ぞくし》なり、国家の刑罰を加うべき罪人なり」

満二十五歳の晶子はひるまない。〈編集部注：明治三十七年〉十一月号の「明星」に「ひらきぶみ」を発表して、桂月の罵倒にまことに素直に答える。「この国に生れ候私は、私等は、この国を愛《め》で候こと誰にか劣り候べき」といい、「この頃新聞に見え候勇士勇士が勇士に候わば、私のいとしき弟も疑《うたがい》なき勇士にて候べし」といい、さらに、「少女と申す者、誰も戦争《いくさ》ぎらいに候（中略）当節のように死ねよ死ねよと申し候こと、（中略）この方かえって危険と申すものに候わずや」

と見事にいい切った。女性の立場から戦争を厭《いと》う自然の情を吐露したこの一文にふれるたびに、これが戦時下に堂々と発表できた明治という時代は、やっぱりいい時代であったなといつも思う。

『日露戦争史2』

鉄屑を相手にした旅順要塞攻略

歴史というものは、人間の必死の想いや知能や努力を嗤《わら》うかのように、皮肉な事実を用意するものである、とくり返しかくわけはここにある。この時点で敵艦隊が〝浮かべる鉄屑〟となっていたとは⁉　さらにつづく旅順要塞攻略作戦とはいったい何であったのか。ほとんど言葉を失ってしまう。『孫子』にいう「敵を知り己れを知らば百戦殆《あやう》からず」とはまさしく至言であることよ。計画をたてる、あるいはこれを実行することの根柢に、つねに正確なる情報収集および分析が必要であることを、この歴史的事実は教えてくれる。

『日露戦争史2』

戦争は途中で「やめた」といえない

……児玉〔編集部注：源太郎〕の上京を待っていたかのように、三月三十日、参謀本部において陸軍のトップだけの秘密会議がひらかれる。この会議において「明治三十八年三月以降における作戦方針」が決定されたのであるが、それに初めて目をとおしたとき、〝いったいこれは何事なるか〟と大いに困惑と疑問を感じたものであった。……国力の劣弱なることも忘れて、大風呂敷をひろげたものよ、と評するほかはない。……と、一応はかくものの、戦争指導者の苦心のほどがぜんぜんわからないでもない。戦争とは、いったんはじめた以上は途中で「やめた」といっぽう的にいうわけにはいかないのである。戦術的には敵が反撃力を喪失するまで戦わなければならない。

『日露戦争史3』

メディアが日露戦争から学んだ〝ものすごい教訓〟

この数字が示しているのは、戦争がいかに新聞の部数を伸ばすかということです。要するに、戦争がいかに儲かるかなんです。ジャーナリズムは日露戦争で、戦争が売り上げを伸ばすことを学んだんですよ。

これを見れば明らかにわかるのは、ジャーナリズムがどんなに色々ときれいごとを言おうが、いざとなったら完全に国家の宣伝機関になるだろうということなんです。外国の新聞もほとんどがそう、国家と一体となって商売をしている。

……日露戦争で戦争に協力したら部数が伸びた。新聞の経営者にしてみれば、ものすごい歴史の教訓だと思います。こういうところだけ、日本は歴史に学んでいる。

『そして、メディアは日本を戦争へ導いた』（保阪正康氏との対談にて）

「精神力頼み」が引き起こした悲劇

……連戦連勝、無敵であった日露戦争というのも、実は幸運の連続でやっとこさっとこ乗り切った。それ以上続ける余力は全くなくなったとき、アメリカが仲介になってくれたから和平を結ぶことができた。勝ちは勝ちでも惨たる勝ち……という本当のことを、私たち日本人は長い間学びませんでした。

陸海軍が作り上げたフィクション戦史から、神話的な話だけを講談として学んじゃったんです。日本人は、精神力と白兵戦で勝てる。日本近海での艦隊決戦は得意中の得意である――これが太平洋戦争での日本軍の精神になっていく。冷静な判断よりも精神の昂揚を重視する、ほめられない戦略が強調されたんです。太平洋戦争は精神力を武器として戦われました。

『あの戦争と日本人』

史実隠蔽の大罪

……日露〝戦後〟の日本の政府や軍部の指導層が、なぜ戦争が薄氷を踏むような「惨勝」であったという事実を隠したのか、についてである。……日清戦争いらいの後進日本のあせりと、栄光をめざして遮二無二やってきた自負とのツケが、からまりながらまわってきたからである。……

国家の明日はほんとうに容易ではなかったのである。しかも日露戦争に身をもって知らされた国力の貧弱さ、それあるがゆえに、リーダーたちはいっそう事実を隠蔽しないわけにはいかなくなった。かわりに鐘や太鼓で勝利の栄光を謳い、一等国家の〝大国民〟としての誇りを強調し、国家への献身と政府や軍への協力を訴えつづけた。栄光と挫折への両極分解は、日本が西欧列強に伍する帝国主義国家たらんとの第一歩を踏みだした瞬間に、もうはじまっていたのである。

『日本海軍の興亡』

不安がもたらす、国民感情の地滑り的変化

……大正十年十一月から十五年十二月二十五日の大正天皇崩御までの五年間、その予感が証明されるように、さまざまな事件や社会の不穏な動きのあったことにいやでも気づかせられます。……そこに関東大震災。……大混乱に乗じて、社会主義者や朝鮮人に弾圧を加えようとの陰謀が、ひそかに計画されました。……さらに摂政宮にたいする狙撃事件（虎ノ門事件）。……十三年の日本共産党解党、十四年の全国の中・高・

大学での軍事教練の開始、治安維持法の公布、十五年の日本労働組合総連合の結成などなど。病帝と若い摂政をめぐる漠然たる不安が、国民感情に地滑り的な変化をもたらしていったようです。

『世界史のなかの昭和史』

脱・帝国主義に失敗した理由

無賠償、無併合、民族自決……翌年〔編集部注：大正七年〕の議会演説でウィルソンは「平和に対する十四ヵ条」を示す。これが国際連盟の創設につながり、大正十一年のワシントンと昭和五年のロンドンの両軍縮条約、また昭和三年のパリ不戦条約へとつながってゆく。

このあたりの事情を理解して帝国主義から脱却して、うまく外交の舵《かじ》を切っていこうとしたのが幣原喜重郎外相ですが、国民はそれを軟弱だといって非難した。けっきょく軍拡をして、よそさまの国のなかに兵隊を送りこむというのはよくないことだというのが「世界の大勢」になりつつあったのに、そのことに日本はなかなか気づけなかった。これが満洲事変、あるいは上海事変、日中戦争になっていくんです。

『「昭和」を点検する』（保阪正康氏との対談にて）

長続きする平和

当時ウィルソンがいったという言葉が、妙によみがえってきます。二十世紀の名言のなかに入るのではないでしょうか。

「勝者なき平和でなければならない。勝者も敗者もない平和だけが長続きするのだ」

この言葉に初めて出会ったとき、さすがにノーベル平和賞に輝いた政治家だけのことはあるとえらく感服したものでした。

『世界史のなかの昭和史』

加藤友三郎という磐石のおもしがとれた瞬間

加藤友三郎の死は、こうして〝対米不戦海軍〟を、敵国アメリカ・八八艦隊という時代遅れのイデオロギーにこりかたまった海軍にひき戻してしまった。時を同じくして日英同盟は解消、日本は独往邁進することに決した。その先頭に立ったのは、ワシントン会議時の随員でもあり、第三次国防方針改定を推進した加藤寛治中将と、末次信正少将である。加藤中将はワシントン会議開催中にも強硬に対米七割海軍を主張しつづけ、加藤全権をてこずらせ「ああ憤激しては憤死なんてバカなことをするかもしれん。まわりの者はよく気をつけておいてくれ」と嘆ぜしめたという、それほどまでに直情径行の軍人であった。その彼が、加藤友三郎という磐石のおもしがとれた瞬間、水を得た魚のごとくに躍りだした。

『日本海軍の興亡』

スターリンとヒトラーは偶然か、必然か

……ヨシフ・V・スターリン（一八七九―一九五三）とアドルフ・ヒトラー（一八八九―一九四五）、この二人の非人間的で極悪な指導者が、二十世紀の世界歴史上にわずかにその姿を示してきたのは、ほとんど昭和の開幕と同じころでした。……開幕と同時に凶暴な力にふり回されることとなった昭和日本。その指導者たちに、彼らがいかなる人物であるかをきちんと認識する時間が、急転する世界情勢のもとにあっては、あるいはなかったといえる、かもしれません。それこそがまさに昭和史の悲劇、いや、歴史の皮肉ということなのですが。

『世界史のなかの昭和史』

そして満洲事変は決行された

……大正末期から昭和初年にかけて、陸軍省・参謀本部の幕僚将校たちは海外にで

て、世界の新しい歴史の流れに触れ、新しい時代の空気を吸ってきた。ムッソリーニによるイタリアのファシズム国家の実現、ドイツにおけるヒトラーの国家社会主義の台頭を眼にするにつれ、彼らはますますその〔編集部注：戦争の規模の拡大と長期化に耐えうるよう国防国家を軍の手で形成せねばならない、ということ〕確信を深めるとともに、焦燥感にかりたてられたのである。

「満洲事変」は、そうした日本陸軍の国家観・戦争観つまり思想を、歴史的にはじめて具体化したものであった。……それゆえにその夜、

「かまわん、決行しよう」

という花谷〔編集部注：正《ただし》〕少佐の言葉に、彼らの意志が一致して固まったのは自然の流れであった。

『ドキュメント 太平洋戦争への道』

利用されたマスコミと信じ込んだ国民

満洲事変の不思議な特徴の一つは、関東軍の虚偽の発表をすべて国民が真実と誤認したことである。事件は、中国軍の満鉄爆破と日本軍への不法な攻撃によってひき起されたという虚構がまかりとおった。そのために大きな働きをしたのはマスコミ、とくに新聞とラジオである。

……昭和三年に、同じように戦火を満洲で起そうと、謀略として実行された張作霖爆殺事件がうまくいかなかったのも、世論が「乱」を好まなかったからである。中国側の発表をすすんでのせ、「満洲某重大事件」として新聞はしきりに陸軍の陰謀を匂わせ、世論はしだいにそっぽを向いた。

関東軍も陸軍中央も、そのときの失敗をしっかりと学んでいる。彼らは、つぎに事を起すときには、強力な操作と媒体が必要であることを戦訓としておのがものとしていた。

『ドキュメント　太平洋戦争への道』

西安事件と二・二六事件の意味

……日中戦争直前はいうまでもなく、いまの日本人ですら、そのほとんどが、「西安事件」がどんなに重大な意味をもったものかを理解してはいまい。昭和十一年には十二月に起ったこの事件と、一方日本では、この年のはじめ二・二六事件とがあった。日中のこの二つの事件は、近代における両国の歴史の総決算であり、両国のその後の運命を決定するターニング・ポイントとなったのである。

『ドキュメント　太平洋戦争への道』

青年将校、処刑のあとの沈黙

昭和十一年七月十二日、二・二六事件の青年将校たち十五名の銃殺が、代々木の刑場で三回にわけて行われた。……

青年将校のひとり、栗原安秀中尉の最後の言葉――

「天皇陛下万歳。霊魂永遠に存す。栗原死すとも維新は死せず」、当時二十九歳。とにかく陸軍の処断はすばやく、かつ思いきったものである。事件の真実を永久に隠蔽するかのように。処刑は裁判前に確定していたのである。

斎藤茂吉は歌った。

「号外は死刑報ぜり　しかれども　行くもろつびと　ただにひそけし」

だれもがものも言わない時代となっていた。

『昭和史残日録1926-45』

よそ者排除のしっぺ返し

……派閥というか、自分たちが天下を取ったらよそ者は入れないという、妙にきちっとした体制を陸軍はつくり上げるんです。

陸軍の一番の欠点は、このよそ者排除だと思います。この連中は、みんな成績はいい。しかし彼らが陸軍中央部、つまり陸軍省と参謀本部の要職を押さえて、外部の者は入れないということになると、どうにもならないくらい情報が入ってこなくなる。

『21世紀の戦争論』（佐藤優氏との対談にて）

事実の積み重ねだけが謎を解く

蘆溝橋事件の報が日本内地にとどいたとき、首相近衛文麿《このえふみまろ》は、

「まさか、日本陸軍の計画的行動ではなかろうな」

と案じた。海軍次官山本五十六中将も、

「陸軍のやつらは、何をしでかすか、わかったものではない。油断がならんよ」

と疑いをもらした。……

こうやって、犯人さがしにうつつを抜かすのもまた一興ではある。ただし歴史は推理小説ではないし、歴史にはifもない。事実の積み重ねだけが、謎を解く唯一の方法であるとしなければならぬ。真犯人を推量することよりも、その当時、なぜこのような一触即発の雰囲気が日中両国のあいだに存在していたのか、それを正確に知ること

のほうが、よっぽど日本の明日をつくるのに役立つであろう。

『ドキュメント　太平洋戦争への道』

デパート火災が教えてくれたこと

一九三二（昭和7）年一二月一六日の朝、東京・日本橋の白木屋デパート四階オモチャ売り場から出火、セルロイド製がん具に引火し火勢は強まり、階段・エレベーターが煙突代わりとなったため、上の階ほど炎に包まれるのが早かった。歳末売り出しのために六百人以上の客が入っており、逃げ場を失って大騒ぎとなった。消防車三三台、ハシゴ車三台のほかに軍隊まで出動した。

懸命の消火活動で被害を最小限に食い止めたが、死者一四人（店員一三人）、負傷者六七人を出した。店員の死者が女性ばかり。彼女たちは脱出用ロープにすがって降下するとき、和服のすその乱れを気にして、手がゆるみ墜落したためであった。そしてこの事件をきっかけに日本女性の服装が洋服に変わり、「和服の場合の下着着用」が一般化したという。

『21世紀への伝言』

煽り煽られ

日本が戦時下に突入していく様を、荷風は見聞のままに日記にしたためていく。

……〔編集部注：昭和七年〕八月二十四日になると……。

《余この頃東京住民の生活を見るに、彼等は其生活について相応に満足と喜悦とを覚ゆるものの如く、軍国政治に対しても更に不安を抱かず、戦争についても更に恐怖せず、寧《むしろ》これを喜べるが如き状況なり》

当時、わたくしは小学校一年生の七歳。いくらかは怪しげな記憶ながら、軍歌と万歳と旗の波と提灯行列のうちに日中戦争が進展していったことは、はっきりと覚えている。それはもう軍部や政府の情報操作による巧みな宣伝があった、それにうまうまと乗せられたというより、むしろ国民のなかにもそれを受けいれる素地はありすぎるほどあった。……一部の軍人や、官僚や、資本家や、右翼らによって引っぱられていった、というような受け身のものではなかった。

『荷風さんの昭和』

戦況報告が戦争協力に

……昭利一三年八月にはペン部隊が派遣されています。……
文壇では菊池寛以下の文士が勢ぞろいして中国戦線に行くわけです。海軍にも行きます。その選に漏れたというので、林芙美子《ふみこ》さんなんかは『中央公論』の特派として、自分で中国へ行っているんですよね。つまり、文士による戦況報告というわけで、これは戦争に協力しているわけです。こうなってくると、雑誌ジャーナリズムの言論もどこへ行っちゃったのかなという感じになるんですけれどね。

『そして、メディアは日本を戦争に導いた』（保阪正康氏との対談にて）

善悪よりも勝敗へ

……悲観している人は軍の内部にもいた。参謀本部戦争指導課の高級課員堀場一雄少佐がその手記に残している。

「漢口陥落して国民狂喜し、祝賀行列は宮城前より三宅坂に亘《わた》り昼夜に充満す。歓呼万歳の声も、戦争指導当局の耳にはいたずらに哀調を留め、旗行列何処へ行くかを危ぶましむ」

少佐は戦争拡大に涙を流して猛反対し、のちに前線へ飛ばされる。このとき、三宅坂上の参謀本部の窓より御濠端をゆく旗行列を俯瞰しながら、国家の前途に暗澹たる想いを抱き、悲しみにうち沈んでいたのであろう。

しかし、いまはそのような「非国民」的人間は要らない国家へとすっかり変貌してしまっていた。事の善し悪しよりも決断力や実行力、強いこと、すなわち勝つことを喜ぶ時代がやってきていたのである。

『B面昭和史 1926-1945』

得るものは何もなかったノモンハン事件

昭和十四年（一九三九年）五月中旬から八月末まで、満洲西北部ノモンハン付近の広大なホロンバイル草原において、国境線の紛争に発して、極東ソ連軍と日本の関東軍が全力で戦い、互いに大出血を余儀なくされた戦闘をノモンハン事件という。しかも結果として両軍とも得るものは何もなかった。ただ満洲と外蒙古の国境線をあらためて画定しただけなのである。

『父が子に教える昭和史』

日本人にとって国境線とは何か

島国に生まれた日本人は、国境線というものを重要視することなくきたのかもしれない。

かつてはこのあるかないかの一線の認定をめぐって、戦国大名は戦いで決着させることもあった。が、たいていは話し合いで解決し、せいぜい関所を設けるくらいで、両国の通行は比較的ゆるやかであった。明治以後、いまにいたるまで……概して融通《ゆうずう》無礙《むげ》でなんとなくうまくやっている。

日本人が否応もなく国境線を国家の運命線のごとくに意識させられるようになったのは、昭和七年に満洲国ができてからである。……つまりこの辺での紛争は国境線のあいまいさというより、両国〔編集部注：日本とソ連〕の根本認識の相違にあったのである。

『ノモンハンの夏』

エリートのプライドが傷つけられると

……その後、参謀本部と関東軍との軋轢はますます深くなった。かれらはいずれも秀才であった。といって、これは念のためにいうのであるが、特に大戦争を見事に指導できたり、国家的見地から正しい政略判断ができたりするうまれつきの器量をもっていたわけではなく、幼年学校・士官学校・大学校と試験によって栄進してきた連中である。子供のころから社会的には目隠しされたまま、成績と履歴によってそこまできた人物でしかなく、人間的にとくにすぐれているわけではない。かれら秀才とはそれでなくとも常に主観的にものをみる人びとである。そして正しいとしていることが踏みつけられると、躍起となるか、ふてくされる。プライドを傷つけられることは許さない。関東軍作戦課の面々はいまや完全に、東京にたいして感情的になっていた。

『ノモンハンの夏』

出発点を間違えた失敗の研究

……日本陸軍がこのノモンハン事件からどんな教訓をえたかの問題が残る。たしかに、陸軍中央は事件後に当時としては大規模な「ノモンハン事件研究委員会」を組織して、失敗を今後にどう活かすかを研究した。しかし、その結論はどうみても落第点をつけるほかはない。要はほとんど学ばなかったのである。そして太平洋戦争で同じあやまちをくり返した。

その根本は、ノモンハン事件を日本軍がソ連軍と戦った最初の本格的な近代戦とみなさなかったことにある。局地における寡兵による特殊な戦いと出発点から規定してしまえば、いくら検討しようが、結論はまともなものとはならない。

『ノモンハンの夏』

司馬さんが書けなかったノモンハン

……司馬さんが、なるほど、関東軍の服部卓四郎と辻政信という権道しかない魔性の参謀コンビに、ようつき合う気にもなれなかったのは当然である。あるいは机上の計算と必勝の信念だけで大軍を動かした陸軍中央部の参謀たち。悪意や軽蔑感しかもてない人物たちを力まかせにねじふせても、生きた人間像としては浮かび上がってこない。

ノモンハンは、それゆえについに書かれることはなかったものと、わたくしはいまにして思っている。それでも、もし須見〔編集部注：新一郎〕大佐を主人公にしたら……の夢は残る。停戦後、上から自決をうながされたのに、この人は断固として「ノー」といい、陸軍をクビになった硬骨の軍人であった。この人の目を通して、昭和日本をダメにした〝統帥権という化物〟の正体が司馬さんの筆によってきっとあばかれたことであろうから。

「司馬文学再読12」／産経新聞／1996年5月31日付

第3章

「あの戦争」とは何だったのか

板垣征四郎・石原莞爾コンビが残した致命傷

……板垣・石原の結びつきがもたらしたものは何であったろうか。……

軍人の第一義は、統制に反しても大功を収めることにある、という悪弊を陸軍内部に残したことである。陸軍刑法第三十八条に「命令ヲ待タズ故ナク戦闘ヲ為シタル者ハ死刑又ハ無期……」とあるにもかかわらず、勲功さえたてれば、どんな下剋上《げこくじょう》の行為を犯そうが、やがてこれは勲章ものとなるのである。そしてそれを抑制しようとした上官たちは追いはらわれ、板垣・石原の統制不服従の徒輩が軍中央に坐り、新たな統制者になりうるのである。これ以後の陸軍は、そんな下剋上と謀略優先の集団になりはてる。

このコンビの残したものは、致命的に大きかったというほかはない。


『指揮官と参謀』

たった一人の反乱

……そんな風にだれもが屁っぴり腰になっていたときに、である。再開された議会で（昭和十五年）二月二日、一人の政治家によって、最後の軍部への抵抗ともいえる反戦演説が、命懸けで行われたのである。いわば、〝たった一人の反乱〟といえるものである。民政党の代表質問に立った斎藤隆夫議員がその人で、それはいまも憲政史上に輝く名演説とされている。

「ただいたずらに聖戦の美名にかくれて、国民的犠牲を閑却し、いわく国際正義、いわく道義外交、いわく共存共栄、いわく世界の平和、かくのごとき雲をつかむような文字を並べ立て……」……

この反戦演説事件が最終的にもたらしたものは、まことに情けないものであった。三月九日、衆議院における断固として「聖戦を貫徹する」という決議なのである。

『昭和史探索〈5〉一九二六―四五』

太平洋戦争へのレールを敷いた三国同盟

米内光政内閣は強引に崩壊させられた。そのあと一九四〇（昭和15）年七月二二日、第二次近衛文麿内閣が成立した。陸軍の裏工作は見事に成功した。

大きくいえば、この日、太平洋戦争への道が決定的になった、といっていい。外相松岡洋右、陸相東条英機など、対米英強硬派がぞくぞくと親任された。やがて内閣は致命的な日独伊三国同盟を締結する。……近衛はのちの記者会見で、大言壮語した。

「米国は、日本の真意をよく了解して、世界新秩序建設の日本の大事業に、積極的に協力すべきであると思う。米国があえて日独伊三国同盟の立場と真意を理解せず、どこまでも同盟をもって敵対行為として挑戦してくるにおいては、あくまで戦う事になるのはもちろんである」

この大ボラは、とても本気で考えたとは思えない。

『昭和史　1926-1945』

国家の恥辱これより大なるは無し

作家永井荷風が〈編集部注：昭和十五年〉九月二十八日付の日記に、意味深長な感想を残している。

「世の噂によれば、日本は独逸《ドイツ》伊太利《イタリア》両国と盟約〈編集部注：三国同盟〉を結びしという。愛国者は常にいえり、日本には世界無類の日本精神なるものあり、外国の真似をするに及ばすと。然るにみずから辞を低くし腰を低くし、侵略不二の国と盟約をなす。国家の恥辱これより大なるは無し。その原因は種々なるべしといえども、余は畢竟儒教の衰滅したるに因ると思うなり」

……この見事な判断を当時の政界や軍部の首脳がはたしてもちえなかったのであろうか。ならぶもののない侵略国家として、ヒトラーのドイツを規定している荷風の達見は、当時の良識ある人々ならすべて共通の認識ではなかったのか。まさしく〝国家の恥辱〟以外のなにものでもなかったのではないか。

『ドキュメント　太平洋戦争への道』

〝名文〟戦陣訓

「夫れ戦陣は、大命に基き、皇軍の神髄を発揮し、攻むれば必ず取り、戦えば必ず勝ち、遍く皇道を宣布し、敵をして仰いで御稜威の尊厳を感銘せしむる処なり。……」と、はじめから「戦陣訓」は堂々と、戦場へのぞむ兵士の心得が、まことに名文で書かれている。校閲を島崎藤村に依頼し、さらに志賀直哉、和辻哲郎にも目をとおしてもらったという。……この文書がその後の太平洋戦争に与えた影響は筆舌に尽くしがたいほど大きかった。われら当時の少国民ですら、強制的に記憶させられた一行がある。

「生きて虜囚の辱を受けず、死して罪禍の汚名を残すこと勿れ」

これである。捕虜になるなかれ、それは「郷党家門」を恥ずかしめる恥辱中の恥辱であると、兵士たちは覚悟させられた。そのために死ななくてもいいのに、無残な死を死んだ兵士がどれほどいたことか。

『昭和史探索〈5〉一九二六―四五』

スターリンの思惑にのった日本

……日ソ中立条約に力をえて、陸海軍部はもとより、日本の国内の動きはマスコミに煽られて南進論一色にそめあげられていく。スターリンの言葉そのままに「安心して」英米との正面衝突が確実の、東南アジアへ進出の国策を樹《た》て、憑かれたように突き進んだ。スターリンが心ひそかに期待しているそのとおりの、太平洋戦争へ向かって一直線の坂からの転がりようであった、と評していいであろう。

『ソ連が満洲に侵攻した夏』

はかなき夢の四国協定

……日本が夢みた「日独伊ソの四国協定によって、英米に対抗する」などという考えは、夢想《むそう》もいいところというのがこの瞬間はっきりします。ドイツは独ソ不可侵条約など放り投げて、東方進撃を開始するとこの時に決めているのですから。

まったく違う場所ではまったく違うふうにことは動いているというのに、日本は依《い》然《ぜん》としてドイツの英本土上陸、イギリスの降参、やがて結ばれる四国協定ゆえに手出しできずに呆然《ぼうぜん》とするアメリカ……という想像上の図式にのんびりと浸《ひた》っていたわけで、日独伊三国同盟を決定したその時、ヒトラーは、来たるべきソビエト進攻のために「東に向かえ」という命令を下していたわけなんですね。おお、ミゼラブル……。

『昭和史　1926-1945』

成功体験の落とし穴

……アメリカには決してつくれない巨大戦艦をつくればいい——。

……この発想の中には、時代がぐんぐん変わりつつあるという認識がすっぽり抜け落ちていました。技術はどんどん進歩するんです。それも猛スピードで。飛行機の、そして潜水艦の強力化。ところが日本海軍は、戦艦による最終決戦で勝利するという、日露戦争の成功体験から抜け出せなかった。

……成功体験を頼みの綱とする、それは現在だって同じだと思いますよ。あのときうまくいったんだから、今度だって、と楽観するんですよ。それが時代遅れだなんて金輪際思いたくない、いや、思わない。

『あの戦争と日本人』

予想外だった石油全面禁輸

……日本の企図を知ったアメリカは、これを待たずに二十五日〈編集部注：昭和十六年七月〉に在米日本資産を凍結する。そして八月一日、石油の全面禁輸を発動した。

この心から恐れていた処置を知らされたとき、第一委員会のメンバーは夜間非常呼集をうけ海軍省に参集した。そしてあまりに峻烈なアメリカの対抗措置を知らされ、誰もが、

「しまった」

と一声、ほぞを嚙んだという。この期におよんで、平和進駐ならば、ただちに石油

禁輸はあるまいと、希望的観測をしていたというのである。事務局長の岡〔編集部注：敬純《たかずみ》〕中将はいった。「米英の態度がシリアスになるとは考えたが、まさか全面禁輸をやるとは思わなかった」と。

まことにお粗末な判断だが、つまりはそのくらい井の中の蛙で国際感覚に鈍かったということなのであろうか。

『ドキュメント 太平洋戦争への道』

頼りない未来図で戦争に突入

原〔編集部注：嘉道《よしみち》〕議長は会議の終わりにこう結論する。

「米に対し開戦の決意をするもやむなきものと認む。初期作戦はよいのであるが、先になると困難も増すが、何とか見込みありと云うので、これに信頼す」

戦争をする以上、勝ち負けを考えるのはいい。が、「何とか見込みあり」程度の未来図で戦争に突入したことだけは記憶しておかなければならない。

『「昭和天皇実録」にみる開戦と終戦』

「国際法」が削除された太平洋戦争の詔勅

……発せられた宣戦〈編集部注：日清戦争〉の詔勅《しょうちょく》は名文で、これはその後の詔勅の形を決めた、といわれている。

「天佑《てんゆう》ヲ保全シ、万世一系ノ皇祚《こうそ》ヲ践《ふ》メル大日本帝国皇帝ハ、忠実勇武ナル汝《なんじ》有衆ニ示ス、朕茲《ここ》ニ清国ニ対シテ戦ヲ宣ス。……」

この宣戦の詔勅の形式は、日露戦争、第一次世界大戦、太平洋戦争の詔勅にも、ほとんど同様にして採用されている。ただ、正確なところでは少しずつ違うが、「国際法ニ戻《もと》ラザル限リ」という国際法尊重の重要な文言は、太平洋戦争のときだけはカットされていた。昭和に生きたものとしては情けなくなる話であるが。

『名言で楽しむ日本史』

見捨てられた真珠湾攻撃の将兵たち

……真珠湾攻撃に参加した男たちの、その全戦闘記録を記すすべはない。……ただひとついえることは、日本人はこの戦争を死に物狂いで戦ったということである。将兵は「国のため」、「父や母のため」、「好きな人のため」、あるいは「俺がやらねば」という思いつめた心情のもとに戦いつづけた。その国が、戦後、彼らを見捨てた。戦後の日本は、彼らの献身と犠牲の上にはじまりながら、戦争中のすべてのことを悪夢として斥《しりぞ》け、無視し、あるいは愚弄し、忘却のかなたへ追いやってしまった。

『「真珠湾」の日』

むなしく響いた「撃ちてし止まむ」

一九四三（昭和18）年が明けて、ガダルカナル島よりの日本軍撤退は確定し、連合軍の猛反攻をうけてこれからは長期的に目算のない〝血みどろの戦闘〟がつづくことが明らかになった。

陸軍省は、容易ならない戦局を迎えるにさいして、二月二三日、決戦標語「撃ちてし止まむ」をきめた。これを大きく揚げることによって不退転の決意を示し、国民に一億総攻撃の精神を奮い立たせる大運動を展開しよう、というのである。この標語は『古事記』の神武天皇の御製とされている歌よりとった。荒ぶるものを平らげて、建国の大業をとげた神武東征の精神にならおう。われら皇軍を信ぜよ、の意である。

このために宮本三郎画のポスター五万枚を作成し、本土はもとより満洲、さらには占領地の中国、南方の各地にまでくばる。負け犬の遠吠えのごとしか。


『21世紀への伝言』

人びとの画一化、隣組による監視

……人を服装から演習だの検定だの、団体行動の面から統制し、とんとんとんからりの隣組によって日常生活や言論の監視がいつしか奨励されるようになった。これは批判や反抗を抑圧するのに大いに役立つ。どんどん一色に染まっていく。近衛内閣になっていっそう閉鎖的同調社会への傾向が強まっていく。強力な国民一致の組織をつくろうとする新体制というのは、じつはこのような国家主義的な体制をつくることであったのか。そして戦時下の軍部はこうした国民の一致協力体制を大歓迎する。

『B面昭和史 1926-1945』

白紙でひっぱりだされた女性たち

いい忘れた。このとき若き女性たちが、赤紙一枚でひっぱられて若い男のいなくなったあらゆる職場に、白紙一枚でひっぱりだされて、男まさりの、目を瞠《みは》るような働きぶりをみせた。これが戦後日本の男女同権の基《もとい》をつくり、もって靴下と何とやらの標語のできたゆえんであることを。まったく禍福はあざなえる縄の如し、国家にとってはともかく、日本の女性にとってそれははたして福であったか、それとも……。

『墨子よみがえる』

ミッドウエイ作戦の愚

ミッドウエイ作戦は連合艦隊が強硬に推し進めたものであり、フィジー、サモアの攻略破壊は軍令部がその意志を徹して組み込んだもの。要するに双方の妥協の産物である。真珠湾いらい、万人が認める山本五十六のカリスマ性に圧倒され、泣く泣くというか渋々というか、重い腰を上げて軍令部が採択したのが、実はミッドウエイ攻略作戦であったのである。……海軍戦略の祖といわれるアルフレッド・マハンは言う。

「およそ作戦に関しては、調節（アジャストメント）を可とし、かつ必要とするが、妥協（コンプロマイズ）はいかなる場合でも不可とする」

その〝不可〟とする愚を、日本海軍はやった。結果はあまりにも悲惨であった。

『昭和史探索〈6〉一九二六―四五』

生等もより生還を期せず——雨中の学徒出陣式

「……生等《せいら》いまや見敵必殺の銃剣を提げ、積年忍苦の精進研鑽を挙げて悉《ことごと》くこの光栄ある重任に捧げ、挺身もって頑敵を撃滅せん、生等もとより生還を期せず、……」

これは東大生江橋慎四郎の答辞の一節である。この「生等もとより生還を期せず」は、当時の老若男女の心に深く響き、いまも記憶する人が多い。

ときに昭和十八年（一九四三）十月二十一日、所は神宮外苑、天候雨。ああ、出陣学徒壮行会の話か、とただちに思い当たる人も多かろう。いまもときどきテレビで、そのときの撮影フィルムが写し出される。どしゃ降りの雨のなかを勇ましく行進する学生たち……。

『歴史のくずかご』

栗林中将と名誉ある死

……総指揮官である栗林さんは、本当は父島にいてよかったんです。でも、当時の硫黄島は日本の本土防衛にとって極めて重要で。……その重要な場所を守るため、自ら戦いの最前線へ赴《おもむ》いた。ところが、その硫黄島を大本営は見捨てるわけです。

……栗林さんは知らなかったね、大本営に見放されたことを。……最後まで大本営を信じていたと思えるのです。……そのほうが名誉ある死だと思ったのでしょう。部下に無駄な、犬死だけはさせたくない。……一番下の兵隊さんたちは本当によく戦った。だから、その人たちを大切にした栗林さんが、彼らに価値ある死を与えるのにも臆《おく》するところはなかったのじゃないですか。

『昭和史をどう生きたか』（梯久美子氏との対談にて）

人間の生命をも兵器にする暴挙

作家大岡昇平は語った。

「自己の死をかけた特攻操縦士の意識と行動に、私は最高の道義を認める」と。……史料によれば、肉弾をもってする特攻兵器が考えつかれたのは、昭和十九年春のことという。

……元帥伏見宮がこういったのである。

「戦局がこのように困難となった以上、対米対策として、なんとかして特殊な兵器を考案し、迅速に使用せねばならない」

つまり、肉弾攻撃を兵器として採用することを、公式に承認するかのようなこの重大発言がキッカケとなった。この元帥会議の合意に、陸海の統帥部はがぜん勇気づけられたのである。人間の生命は兵器ではないのだが……。

『昭和史残日録1926-45』

眼ヲツムルナカレ。

神風特別攻撃隊が正式に初めて出撃したのは、昭和十九年（一九四四）十月二十五日。それは志願によるものとされる。が、やがて特攻は非情の作戦命令となっていく。

……

「一、最後マデ照準セヨ、眼ヲツムルナカレ。眼ヲツムレバ命中セズ。
二、過速トナルナカレ。六百キロメートル以上ハ、最後ノ舵キカズ。
三、命中角度ハ六十度〜四十度ヲ可トス」

敵艦に突入する際の心得である。さまざまな実験の結果、体当り攻撃は突入する角度でその効果が違うことがわかったのである。三十度の角度では六十度の角度にくらべて三分の一の威力しか示さない。また、乗っていく零戦は速力が六百キロを超えると舵がきかなくなる、云々。何とも非情、冷酷、無残な心得の条ではないか。

『歴史のくずかご』

「特攻」に思いを馳せる

海軍の神風特攻も回天特攻も、若い人たちの志願によった。陸軍の振武特攻も同じである。そこには上に立つ者の責任感もモラルもない。自分の無能と動揺と不安とを誤魔化すための、大いなる精神の堕落だけがある。自分が責任をもって命令できないような作戦は行ってはならない。それが人間の行為というものの本質である。「志願によって」ということは形式にしかすぎず、志願せざるを得ない情況において志願するのは、強制ではないのか。

太平洋戦争が日本人につきつけた最大の問題は「特攻」にある、とわたくしは思っている。そこにある何を教訓とすべきか、永遠の問いかけがあるのである。

『昭和史探索〈6〉一九二六—四五』

沖縄のかなしみ

四月いらい激戦がつづいてきた沖縄攻防戦も、六月になったころは勝敗が明らかになっている。が、陸軍は多くの避難民がいる南部へと撤退し、持久戦をつづける戦術を選んでいた。……一言でいえば、沖縄は本土の盾にされ、県民は軍の盾にされて死ななければならなかったのである。

……六月六日付の、沖縄方面特別根拠地隊司令官大田実海軍少将が発した海軍次官あての長文の電文で……県民が総力をあげて軍に協力し、敵上陸いらい戦いぬいている事実を、大田少将は記して、こう結んだ。

「沖縄県民斯《か》ク戦ヘリ。県民ニ対シ後世特別ノ御高配ヲ賜《たまわ》ランコトヲ」

日本軍は常に軍の作戦を至上のものとし、日本国民はただそれに従うべきものときめて、日中戦争いらいのこの長い戦争をつづけてきた。そのときに非戦闘員にたいするかくも美しい心遣いを示した軍人のいたことを、わたくしたちは心から誇っていい。

『B面昭和史 1926-1945』

虚しき大和の「自殺行」

日本海海戦大勝利の海軍の栄光を、見敵必戦の伝統を、歴史のなかに残すために、突入せよ、ということです。……

大和乗組員、三千三百三十二名のうち戦死は三千五十六名。他の艦も合計して四千三十七名が戦死しました。これは、飛行機の特攻隊の陸海合計の死者数四千六百十五人に近いのです。それも、たった一日で。なんとも言えませんね。ただし大和の突撃は特攻とは正式に認められていないらしく、戦死者は二階級特進の栄誉にはあずかっておりません。……虚しいですね。

『あの戦争と日本人』

欠けていた敗戦の心得

敗戦を覚悟した国家が、軍が、全力をあげて最初にすべきことは、攻撃戦域にある、また被占領地域にある非戦闘民の安全を図ることにある。その実行である。ヨーロッパの戦史をみると、いかにそのことが必死に守られていたかがわかる。日本の場合は、国も軍も、そうしたきびしい敗戦の国際常識にすら無知であった。

『ソ連が満洲に侵攻した夏』

一度始めた戦争を終わらせることの難しさ

そしていまあらためて思うことは、戦争というものは勢いにまかせて始めるのは容易であるが、これを終わらせるのはほんとうに至難なことである、それは〝真理〟といっていいということである。読者は、『実録』に書かれた〝歴史に向き合う〟昭和天皇の姿から、あらためて歴史の教訓や知恵を学んでほしいと心から思う。

『「昭和天皇実録」にみる開戦と終戦』

ただ、攻撃目標に向かうのみ

八月六日午前二時四十五分、テニアン島からエノラ・ゲイ号機は発進する。……機長チベッツ中佐にとっては、広島が目視攻撃不可となれば、小倉に向かうまでのことなのである。この攻撃作戦に参画したものは、政治家であろうが軍人であろうが、だれもこのとき、無抵抗の広島市民あるいは小倉市民のことなどを思い煩うものなどいなかった。もし心にかかる事があるとすれば、間違いなくこれらの目標都市には連合軍の将兵のいる捕虜収容所がないであろうな、ということぐらいであったであろう。

『日本のいちばん長い夏』

ソ連は「日本人民を救いだすため」満洲に侵攻した

八月八日午後五時（モスクワ時間）駐ソ大使佐藤尚武は、外相モロトフからいきなり宣戦布告状をつきつけられた。外相はいう。「ドイツが無条件降伏を拒絶したのちに味わったような危険と破壊から日本人民を救いだすため」ただちに戦争状態に入る政策をとる、と。

佐藤大使が日本大使館に帰りつくよりさきに、電話線は切られ、無線機は秘密警察の手で没収された。大使はやむなく通常の国際電報によって、ソ連の参戦を日本外務省に伝えた。

それから数時間後の一九四五〔昭和20〕年八月九日午前零時、佐藤よりの電報よりさきに、日本がソ連からうけとったものは、ソ連国境を越えて、無数の砲口から放たれた砲弾である。戦車の侵攻である。〔編集部注：日ソ〕中立条約のあと一年の有効期間など完全に無視されていた。

『21世紀への伝言』

無抵抗の民への仕打ち

八月十四日の昼近くである。……

飢えと疲労で何日も歩きつづけてきた人びとは、中型戦車十四台に蹴散らされ、轢《ひ》き潰された。……

殺戮はそれだけですまない。後続の自動車隊から降りてきたソ連兵が、幼児といえども情け容赦もなく、それが既に冷たい屍になっていようが見境いなく、マンドリン（自動小銃）を射ちこみ銃剣で止めを刺した。先を急ぐソ連軍機甲部隊にとっては、とぼとぼと動く難民の列は前進を妨げる障害物以外のなにものでもなかったのか。……無抵抗のままに死に追いこまれた犠牲者は一万人に及ぶのである。

『ソ連が満洲に侵攻した夏』

日本が分割されなかった幸運

九月二日、東京湾に浮かんだアメリカの戦艦ミズーリ号の上で降伏文書の調印式が行なわれ、日本は太平洋戦争を「降伏」というかたちで終えました。……

この時になっても、まだ北海道の北半分を領土とすることを主張するソ連の提案を、トルーマンは真《ま》っ向《こう》から否定しました。おかげで日本はドイツのように分割されることなく、戦争を終結できたわけです。こうした歴史の裏側に隠されていた事実をのちになって知ると、いやはや、やっと間に合ったのか、ほんとうにあの時に敗《ま》けることができてよかったと心から思わないわけにいきません。

『昭和史　1926-1945』

マッカーサーの遺産

……憲法問題、国防問題、教育問題、沖縄の基地問題、人権問題などなどと、日本国の世論を二分して揺り動かしているさまざまな難題は、まさしくマッカーサー統治下のわずか六年足らずの間にもたらされた大変革にその根っこをもっている。

……憲法改正に七〇パーセントの国民が賛成しているという事実。とすれば、いま、進むべき理想を見失いかけているわれわれは、マッカーサーが日本人に課した「モラル・リーダーシップ」について、冷静に、そして本気になってもう一度考えねばならぬときに直面しているのである。

『マッカーサーと日本占領』

勝利者への最悪の迎合

……内務省が中心となり、連合軍の本土進駐を迎えるにあたって十八日に打ち出した策に出ています。戦時、「敗けたら日本女性はすべてアメリカ人の妾《めかけ》になるんだ。覚悟しておけ」と盛んにいわれた悪宣伝を日本のトップが本気にしていたのか、いわゆる「良家の子女」たちになにごとが起こるかわからないというので、その〝防波《ぼうは》堤《てい》〟として、迎えた進駐軍にサービスするための「特殊慰安施設《とくしゅいあんしせつ》」をつくろうということになりました。そして早速、特殊慰安施設協会（RAA）がつくられ、すぐ「慰安婦募集」です。いいですか、終戦の三日後ですよ。

『昭和史 戦後篇 1945-1989』

新聞の「度し難き厚顔無恥」

……作家の高見順さんが、戦争に敗けてすぐ、八月十九日に書いた日記があります。

「新聞は、今までの新聞の態度に対して、国民にいささかも謝罪するところがない。詫びる一片の記事も掲げない。手の裏を返すような記事をのせながら、態度は依然として訓戒的である。等しく布告的である。政府の御用をつとめている。／敗戦について新聞は責任なしとしているのだろうか。度《ど》し難《がた》き厚顔《こうがん》無恥《むち》。……」

……確かに新聞は、敗戦の翌日にも一日として休むことなく出ていて、それはなかなか立派ですけれど、ほんとうにあっという間にこんなに変貌するのかと驚くほど、一気に民主的になったのですから。

『昭和史　戦後篇　1945-1989』

敗戦直後の大ベストセラー

……『日米会話手帳』（誠文堂新光社）が早くも八月三十日、八十銭で発行されて大ベストセラーになりました。鬼畜米英のスローガンが消えた途端に「さあ日米会話だ」というのも素晴らしい変わり身の早さで、しかもこれが売れに売れたんです。三カ月でなんと四百万部。日本の全人口の十六人に一人が買った勘定になります。

『昭和史　戦後篇　1945-1989』

シベリア抑留はルーズベルトの生贄か

……「人類が五十年以内に死滅することのないように」との国際連合の理想を実現せんために、……その蔭で敗戦日本とドイツはなんと多くの犠牲を強いられたことか。それを考えないわけにはいかないではないか。戦後日本の北方領土問題、シベリア強制抑留問題は、まさにルーズベルトの理想実現のための生贄《いけにえ》ではなかったか。妥協の産物ではなかったか。シベリアで死んだ人は実に四万六千人を超える。

『昭和と日本人　失敗の本質』

ＧＨＱにもらった免罪符とコンプレックス

翌十二月九日〔編集部注：昭和二十年〕からはじまった、同じＣＩＥ〔編集部注：民間情報教育局〕制作の教育ラジオ番組「真相はかうだ」を、なにか義務のように聴いた覚えがありまして、……「そうか、おれたちは悪くなかったのか。軍国主義者たちのせいであって、おれたちには罪はないんだ」と、何となしに免罪符をもらったような気にもなったんです。……

本当は、われわれはここで、きちんと歴史を踏まえ、それに学び、自分たちの主張、やってきたことを立ち止まって考えてみなければいけなかったんです。ところがそうはならなかった。簡単に言えば、敗戦国はどこであれそうですが、「過去の自国は悪かったのだ、申し訳なかった」とその伝統や文化を全否定してしまう、日本もまさにこの敗戦コンプレックスに陥りました。……日本人がやってきたのはすべて侵略戦争だったのかと、免罪符と同時に新たなるコンプレックスをあわせもつようになったといえるのではないでしょうか。

『昭和史 戦後篇 1945-1989』

ろくなことのなかった墨塗り教科書

厳然としてある歴史を自分たちの都合で平気で改変する、そんな神をも恐れぬことをやってのけるものの出現を、痛烈な風刺をもって描いたのが、G・オーウェルの長篇小説『一九八四年』である。

ところが、敗戦直後の日本の子どもたちは、実際にそれを自分の手でやった。

……大げさに言えば、戦後教育は日本史の教科書を墨で塗りつぶすことから始まった、といえる。

結果は何が生まれたか。

自国の歴史を尊重しない国民ができた。歴史を抹消可能と考える国民ができた。それともう一つ、自国の歴史をまったく知らないで平気な国民ができた。いずれにせよ、ろくなことはないのである。

『昭和史残日録　戦後篇』

国家観をひっくり返した「人間宣言」

二十世紀の日本は、明治末・大正・昭和戦前の近代日本と、昭和戦後・平成という現代日本との、二つにはっきりとわかれている。

その分岐点となっているのが、昭和二十一（一九四六）年一月一日の、昭和天皇のいわゆる「人間宣言」。

……そのおよぼした影響は大きかった。国家観がひっくり返ったのであるから。日本国民は「世界に冠たる」などといううぬぼれを捨て、謙虚になり、そして真剣に国家再建にとりくみだした。目標が明確なだけに働きがいがあった。

あのときの謙虚さ、真剣さを思うと、いまの日本人は何か大切なものを忘れようとしているように思えてならない。

『昭和史残日録　戦後篇』

感情論で進んだ東京裁判

……いわゆる「東京裁判史観」というものは日本人が持つと同時に、世界の人々も持っていたと思うんです。あまりにも戦争の犠牲が大きかったですからね。「国民を納得させるためには、やっぱり日本を裁かなければいけない」と世界の国々は思ったでしょう。だから裁判は裁く側が自国の国民を納得させる形で進行したと思います。しかも日本人の側にも戦争の惨禍に対する責任追及の思いがありました。当時はまったくの感情論でした。そういうものから政治的な東京裁判論になってきて、史観のぶつかり合いでわけが分からなくなった。

『「東京裁判」を読む』(保阪正康氏、井上亮氏との鼎談にて)

戦争責任は玉ねぎの芯のごとく

……日本の無責任体制そのものといいますか、実際の日本の政戦略はどこにも責任がない、果たして誰が真の責任者なのかわからないかたちで決められていったのです。ちょうど玉ねぎの皮を一枚一枚剝《む》いていくと、最後に芯がなくなって雲散霧消《うんさんむしょう》するようなもので、このときも、しょうがないので、日本の犯罪的軍閥は「侵略」という意識をもたずに侵略したのだ、なんてことで片付けられました。

『昭和史 戦後篇 1945-1989』

封建制よ、サヨウナラ

……小作地の八一パーセントにあたる一八七万ヘクタールの耕地が解放されたので

あるからすごい。占領下でGHQの目が光っていたからできた大改革で、世界史上でもこんな荒療治の完成は珍しい。……

「いままで天皇陛下に守られての地主であったんだから、こんどはその陛下をお守りするために、我慢しなくては」と地主の長兄をなぐさめていた父の言葉を覚えている。かくて日本の農村封建社会はひっくり返った。戦後の民主日本は、あえていえば、ここから第一歩を踏み出したのである。

『昭和史残日録　戦後篇』

アプレゲールという世代の不幸

昭和二十四年暮れから二十五年にかけて、一方で左翼弾圧が強化され、他の一方で、二十歳前後の若者たちによるこういった一連の事件〈編集部注：光クラブ事件、オー・ミステイク事件など〉が連続して起きたわけです。……破天荒《はてんこう》な行動をしたりとんでもない罪を犯したりした連中は、「戦争ですべてを台無しにされた。少なくとも勉強はろくすっぽできなかった。戦争に引っ張られ、こき使うだけこき使われて、終戦になれば放り出された。青春を返してくれ。それに引き換え、大人どもはおれたちをだまし、実に上手に世の中を泳いだ。あいつらは信用ならん。人を頼ってはダメだ、もうだまされないぞ……」という気持ちがあったんだと。そんな思いが共通してあったから、犯罪に走ったり左翼に走ったりしたんだと。

……拭《ぬぐ》いきれない不信感、戦争やそれに関する一切への憎悪と恐怖といった共通の気持ちを象徴して「アプレゲール」というひとつの世代がありえた、ということじゃないかと思うのです。

『昭和史 戦後篇 1945-1989』

日本独立と残念な一件

昭和二十六（一九五二）年九月八日、長かった占領の時代が終わり、戦後日本が独立した日である。サンフランシスコ市のオペラ・ハウスで、対日講和の平和条約が連合国四十八カ国と日本の間で調印された。ソ連・ポーランド・チェコスロバキアは調印を拒否した。……

調印終了後、その日のうちに日米安保条約が調印された。こうして国家主権と自由を回復しながら、米ソの冷戦構造のなかに戦後日本は組み込まれ、厳密な意味での真の独立のチャンスを失った。少しく残念なことであった。

『昭和史残日録 戦後篇』

平和憲法こそ戦後日本の機軸

……明治時代は、国家の機軸を天皇制に置き、国家目標は「富国強兵」に置いた。……そして、日露戦争で世界五大強国の一つだった帝政ロシアを破り、世界の強国の仲間入りをした。目的を達成したのですね。そうなると、日本は単なる富国強兵という国家目標では飽き足らなくなった。大正、昭和のはじめにかけて夢はどんどん大きくなって、アジアの盟主になろうとする。……それが太平洋戦争に及んで国を滅ぼしてしまった。
そして戦後です。昭和二十六年の講和条約締結以後、独立国家となった戦後日本の機軸は、私は平和憲法だと思うのです。

『昭和史をどう生きたか』（辻井喬氏との対談にて）

基地問題への無関心

さて年が明けて昭和二十八年（一九五三）です。基地問題があちこちで表立った年でした。……その中で最大の紛争となるのが、昭和三十年（一九五五）から翌三十一年にかけての東京立川《たちかわ》の砂川《すながわ》基地闘争でした。占領は終わった、独立はした、なのに至る所にアメリカ軍の基地、訓練場、演習場がある、ならば国家主権はどこにあるのか――というのが当時の日本でした。しかしうんと皮肉っぽくいえば、基地周辺の人たちにとっては大変な問題ではあっても、それ以外の人にとってはどうだったか？どうも無関心なところがあるというか、日本人はこれに本気で取り組んだとは思えない気がします。

『昭和史 戦後篇 1945-1989』

懲りない再軍備の波

……〈編集部注：昭和二十九年〉六月に防衛庁設置法ができ、自衛隊法が公布されました。……

このころから復古調の波に乗って再軍備論が復活するのです。当然、裏側に改憲論がちらちらします。後に鳩山内閣がそれを唱え世論が二分します。以後現在まで、再軍備について、レベルは違いますが同様の論議が続くのです。日本人は懲《こ》りない民族だなあと思わないでもありませんが。

『昭和史 戦後篇 1945-1989』

ゴジラが象徴するもの

……「ゴジラ」が封切られたのは昭和二十九年（一九五四）十一月三日の「文化の日」。……

実は、この年の三月十四日は、ビキニ海域の水爆実験で放射線をあびた第五福竜丸が静岡県焼津港に帰港したときなのである。映画でゴジラが東京に上陸したのは、その直後の八月中旬という設定になっている。ということは、ヒロシマ・ナガサキにつづき、水爆の脅威にさらされた日本人の、形を変えて世界に発した抗議であったのである。つまりゴジラは「放射線被曝の恐怖の象徴」であった。

『歴史のくずかご』

暴力に弱いジャーナリズム

……〈編集部注：昭和三十五年〉十月十二日、日比谷公会堂で与野党党首の演説会が

行なわれていたその会場で、社会党の浅沼稲次郎《あさぬまいねじろう》委員長が演説の最中、突然壇上に上がってきた十七歳の右翼青年、山口二矢《おとや》に長い匕首《あいくち》で二度刺されて殺されたのです。

……池田内閣が発足してたちまち高度成長に入り、日本中がわっさわっさと急に元気になったというわけではなく、まさにいろんなことがあったことを記憶にとどめておいてほしいと思うのです。こういう冬の時代がいつ来ないとも限らないのですから。

……暴力のもとにジャーナリズムは必ずしも強くないのです。戦前、軍の暴力のもとにジャーナリズムがまったく弱かったのと同様で……表現の自由を断固たる態度で守らねばならないというのはその通りですが、断固たる態度を必ずしもとれないところがジャーナリズムにはある、それは反省と言いますか、情けないくらいの私の現実認識でもあるのです。


『昭和史 戦後篇 1945-1989』

核戦争を回避したキューバ危機

人類はそのとき、滅亡か生存かの断崖《だんがい》のふちに立っていたのである。米ソの誤算による核戦争の恐ろしさについて、いまになって歴史的な諸事実を知ると、背中に冷たいものが走る。

一九六二（昭和三十七）年十月二十二日、アメリカ大統領ケネディは、ソ連が攻撃用ミサイル基地をキューバ内に建設中と発表し、断固たる海上封鎖を予告した。……そして二十八日、ソ連首相フルシチョフが、ミサイル撤去を発表して危機が回避されるまでの、米ソの息詰まるようなやりとりは、作りもののドラマを超える。

いまになると、キューバ侵攻やミサイル基地空爆といった軍部の強硬論を抑え、辛抱強く交渉を進めたケネディの努力には頭が下がる。シビリアン・コントロールの真髄がそこにあった。日本の宰相にはできないことよ、としみじみと思わせられた。

『昭和史残日録　戦後篇』

「一人殺せば殺人者となり、百万人殺せば英雄となる」

……歴史とは皮肉なものである。昭和三十九（一九六四）年十二月七日、ときの日本政府（佐藤内閣）は、米空軍参謀総長として来日したルメイ大将〔編集部注：東京大空襲の指揮官〕に勲一等旭日大綬章を贈った。その日の夕刊に、この小さな記事を見いだしたとき、すでに戦争が「過去」のものとなったことを痛烈にわたくしは思い知らされた。そして映画「独裁者」のなかのチャップリンの名セリフがわたくしの胸に再び突き刺さった。それは「一人殺せば殺人者となり、百万人殺せば英雄となる」というものだった。

『昭和と日本人　失敗の本質』

「恥ずかしながらかえってまいりました」

太平洋戦争が終結して二十七年もたった昭和四十七（一九七二）年一月二十四日、

グァム島のジャングルのなかから、ひとりの日本兵が発見された。軍曹横井庄一である。……

だれひとり話し相手もなく、木の実やカエル、川エビなどをあさりながら、捕虜の汚名をうけたくないの一心で、前途になんの希望もなしに、かれはジャングルの奥深くの穴ぼこの中で生きのびてきたのである。二十六歳で戦争にかりだされた軍曹は、すでに五十七歳になっていたのである。

そして日本国民がひとしく粛然となったのは、帰国した元軍曹の第一声を聞いたときであった。

「恥ずかしながらかえってまいりました」

それは繁栄にうつつをぬかしている戦後日本人への痛烈な皮肉になっていた。

『昭和史残日録　戦後篇』

今こそベトナム戦争に学べ

一九七五（昭和五十）年四月二十三日、米大統領フォードは声明した。

「わが国にとって戦争は終結した」

それは南ベトナム政府に引導を渡すことである。……

サイゴンは無政府状態と化し、逃げ惑う市民で騒然となった。三十日、正午には大統領府の建物に臨時革命政府の旗が立った。

ベトナム戦争の教訓。道義、世界世論の制約が、軍事力に劣らない威力を発揮する、それが証明されたこと。


『昭和史残日録 戦後篇』

バブルの夢から覚めてみれば……

……平成の始まりとともに起こったのは世界情勢の大転換でした。平成元年二月には、ソ連軍がアフガニスタンから撤退せざるを得なくなった。六月には中国で天安門事件が起こり、十一月には東西ドイツを隔てていた冷戦の象徴「ベルリンの壁」が崩壊し、東欧諸国が無血革命でどんどん民主化していった。平成二年八月に湾岸戦争があり、翌三年にはソ連邦が解体するのです。……それまで世界を支配していた権力の構造が一変します。

ところがその間、日本国内では何が起こっていたのかといえば、そんな冷戦構造の崩壊という現実には目もくれず、まさに空前のバブル経済を謳歌していたのです。……それが平成四年にバブルがはじけ、やっと目が覚めた頃には、すでに世界の情勢から遅れをとりだしていました。この「時間差」というか「意識差」があったことは、まことに日本にとって不幸なことだったと思います。

『「文藝春秋」にみる平成史』

平和、災害、インターネット

平成の三十年間をあえて三つの言葉でいえ、となれば「平和、災害、インターネット」と答えたいですね。とにかくこの三十年、象徴天皇が先頭に立ち、「平和」というものがこれほど日本の骨子にあった時代はないと言えます――日本は実際、平和のなかにあるんですよ。戦争をしていないし、戦場で日本人が人を殺していないし、日本人は殺されてもいません。

そして災害の時代ですね。雲仙普賢岳が噴火したのは平成二年、それから七年の阪神・淡路大震災、二十三年の東日本大震災（中略）地球温暖化の影響もあるでしょうが、これはどうも説明がしにくい。あと、少子化がわかったのは平成三年ぐらいですが、日本は何の手も打ってこなかった。だから平和であったけれど、問題が山積していながら誰もちゃんと手をつけなかった時代でもある。

『半藤一利　わが昭和史』

AI時代も人間は変わらない

……歴史をつくっている人間というのは、いくら文明が進歩してもあまり変わらない。たとえ将棋でAIに負けたとしても、人間は変わりませんから、同じ策謀をし、同じような状況で同じような判断をし、同じ過ちをします。いちばん大事なときに手前勝手な見込みのもとに判断をするから、いっぺん間違うと、次のときにまた判断を誤るんです。

『半藤一利　わが昭和史』

「自国だけよかれ」の復活を憂う

……ふと、アメリカにトランプという強烈に保護主義的というか万事計算ずくの自国本位の政権が誕生したことは、これまた「時代の節目」というものではないか、との連想が湧いてきます。トランプ大統領のいう「偉大なアメリカ」とは、世界でもっとも豊かで、強い、自国だけよかれの超然たる国家というイメージなのでしょう。

……もしも昭和五、六年ごろのように、世界各国がアメリカを見習って、国家主義的な自国保護の政策をいっせいにとるようになったならば、かつてのナチス・ドイツや軍国主義国家の日本帝国のような、これを絶好の機会とみて国際法を平気で踏みにじる国がいくつもでてきて、余計な野心を燃やしたりするのではないか。そんな心配が消せないでいるのです。

『世界史のなかの昭和史』

現代の墨子・中村哲さんの予言

人として最後まで守るべきは何か、尊ぶべきは何かを求めて、〝日本の墨子〟〈編集部注：ペシャワール会の中村哲さん〉は本物の墨子以上に奮闘努力している。

「まだいまは、日本に憧れ、尊敬してきてくれた世代が（中東の）社会の中堅にいますが、この次の世代からはもう、日本の見方が変わります。おそらくアメリカと同様に攻撃の対象になるのではないか、と思わざるをえません」

〝日本の墨子〟のこの予言に、われら日本人は襟を正して本気になって耳を傾けなければならないのではないか。

『墨子よみがえる』

第4章

私は歴史とともにいかに生きたか

「戦争ごっこ」の流行

……昭和六年、七年、八年くらいに日本人の生活に軍国体制がすっかり根付いてきて、軍歌が盛んに歌われ、子供たちの間では「戦争ごっこ」がやたらに流行《はや》ります。そういえば私も、物心《ものごころ》ついた頃には毎日やっていました。それから水雷艦長《すいらいかんちょう》といって、帽子のツバを前にすると艦長で、後ろにすると水雷艇《すいらいてい》で、横にすると駆逐艦《くちくかん》という遊びをずいぶんやりましたから、確かにそういう風潮だったんですね。

新聞がわんわん煽るもんですから、日本じゅうが「さあさあ戦争戦争」と、子供まで戦争ごっこで、同時に庶民の間ではやたらに慰問袋ブームで、どんどん作っては戦場に送っていました。

『昭和史 1926-1945』

壮大なフィクションの時代

昭和十年二月の天皇機関説問題のあおりを受けて、広田弘毅内閣は「機関説は国体に反するものだ。では、国体とは何か。明らかにせよ」と軍部や右翼団体に突き上げられ、さらに代った阿部信行内閣はその態度決定を迫られた。結果としてこの年の五月三十一日に『国体の本義』が世に出た。著作者の氏名はない。ただ文部省発行とだけある。以後はこの書が〝国体明徴〟の教科書となるのである。……

日本帝国は以後まさしく「神国」となり、天皇は現人神であり、これを疑うことは許されなくなった。壮大なフィクションの時代が始まったのである。わたくしも中学生になったとき、たっぷりと「神国」の民であることを仕込まれた。

『昭和史残日録1926-45』

みよ、替え歌のはげ頭

「見よ東海の空あけて旭日《きよくじつ》高く輝けば／天地の正気《せいき》溌剌《はつらつ》と希望は躍る大八洲《おおやしま》／おお晴朗の朝雲に聳《そび》ゆる富士の姿こそ／金甌無欠揺《きんおうむけつゆる》ぎなきわが日本の誇りなれ」

振りガナをつけなくても、すらすらと読める、または歌える方は、恐らく六十歳以上に限られるであろう。戦争中に大いに歌われた「愛国行進曲」。

……金甌無欠とは何ぞや、とボヤキつつ日本人は大いに歌った。

そして、のちにわれら悪童どもは替え歌を作って歌った。

「みよ、東条のはげ頭／ハエがとまればツルとすべる／すべってとまってまたすべる／とまってすべってまたとまる／おお晴朗のはげ頭……」

もちろん、軍国オトナのいるところでは歌えなかった。

『昭和史残日録1926-45』

わしゃかなわんよう

東京は下町の悪ガキ時代に、爆発的に流行した言葉がある。……

「あのねェ、おっさん、わしゃかなわんよう」

もとは喜劇俳優の高勢実乗《たかせみのる》が、チョンマゲにチョビヒゲ、目の回りに墨をぬって、スクリーンでとん狂な声でいったセリフである。

泥沼と化した日中戦争下の重苦しい時代。取り締まりだけがきびしいときに「わしゃかなわんよう」の悲鳴は、庶民には一服の清涼剤でもあったのであろう。

しかし、この年の九月に、皇道精神に反するとして禁止命令が下されたとき、悪ガキは心底からガッカリした。でも、時々「わしゃかなわんよう」とやっていた。いまの悪くなるいっぽうの日本、同じセリフをはやらしたくなる。

『昭和史残日録1926-45』

「大いに喜べ。また日本は勝ったぞ」

〈編集部注：昭和十七年〉六月十日夜、ラジオで国民に伝えられたのは「刺し違え戦法」が成功し、敵の「虎の子」の空母を見事に撃滅、「わが方の損害は軽微」という勝利の宣伝でした。……

「アメリカは懸命にデマ宣伝を行なっている。それに踊らされてはならない。わが方の損害は軽微であり、米の損害はわが公表以上なのである」

翌日の新聞も、太平洋の戦局この一戦に決す、敵のゲリラ戦の企図はまったく潰《つい》えたりと、笛や太鼓で囃すように報じました。「一犬虚に吠ゆれば万犬実を伝う」のたとえどおりに、海戦は日本海軍の勝利として国民にはうけとられます。小学六年生になったばかりのわたくしは、小学校の担任に「大いに喜べ。また日本は勝ったぞ」と敢闘精神を鼓舞されたことをおぼえています。

『聯合艦隊司令長官 山本五十六』

きさまみたいな非国民はあるか！

……昭和十九年の十一月末くらいから勤労動員《きんろうどういん》で、中学二年生だった私も軍需《ぐんじゅ》工場で働いていました。昼休みに日向《ひなた》ぼっこをしながら「日本機が中国大陸で爆弾を落とした」なんていう新聞の大きな写真を見て、「全弾命中《ぜんだんめいちゅう》、とあるけど、あんなでかいところじゃ全弾命中するに決まってるじゃないか」と余計なことを言ったものですから、当時いた物理《ぶつり》学校、今の東京理科大学の髯面《ひげづら》のおっさんに「きさまみたいな非国《ひこく》民《みん》はあるか！」と頭をポカポカ殴《なぐ》られたのを覚えています。とにかくなにごともお上《かみ》の言う通りにしないと、たちまち非国民にされてしまう、恐ろしい時代ではあったと思います。

『昭和史 1926-1945』

爆撃の標的に通った日々

工場での弾丸検査の作業は流れ作業で、作業台がずらりと長くならべられて、左から送られてくる製品の担当の部分の品質検査をして、右の台へ流す。自分だけが疲れたから休む、というわけにはいきません。仕事全体がストップしてしまいます。手抜きが許されない、それだけになかなかの重労働でした。……

「何だ、中学生ではなくて工員になったのか」

父は毎朝くたびれたような顔して出勤していくわたくしを見てちょっと笑いましたが、珍しくそれ以上は得意とするいつもの皮肉っぽいことはいいませんでした。やがてはじまるであろうアメリカ空軍による本土空襲では、軍需工場はまさしく絶好の標的となる。学校ならまだいくらかは安全なのに、わざわざ爆撃の目標にセガレが通っている、何ということかとでも思ったのかもしれません。

『15歳の東京大空襲』

山本五十六亡きあとは

……小学生時代から近眼で軍隊には向かないダメな男であるといわれてきましたし、さらにわが父の日ごろの薫陶もありました。

「いいか、坊ッ、総大将が戦死したり、守備隊が全滅したり、この戦争にはもはや勝ちはない。それは歴史が証明していることなんだぞ」

ほかの大人とはいささか違うことをいう父に、ときに反発しましたが、この言葉には同感しました。少年講談や歴史物語を読んでのわがちっぽけな知識でも、たとえば日本の戦国時代の合戦で、総大将が戦死したりしてエイエイオーッとトキの声をあげた例は一つもありません。司令長官山本五十六の戦死から、それくらいのことは、わたくしにも理解できたからでした。この戦争はひどい結果になるのではないかと。

『15歳の東京大空襲』

誰も語らなくなった正月

正月を祝う気持ちもなく、人びとは沈黙といいますか、危ないということもありますから、あまりしゃべらなくなります。思えば昭和十七年頃は戦争の話で賑《にぎ》やかでした。十八年頃は工場や食い物の話が中心でした。十九年になりますと闇《やみ》の話、また後半は空襲の話が盛んに交わされ、昭和二十年になると、もうほとんど誰も何も語ろうとしなくなったのです。

『昭和史　1926-1945』

腹が空いて、腹が空いて

敗《ま》け戦《いくさ》が続いて、昭和二十年（一九四五）になりますと、わが大日本帝国はもう末《すえ》の世で、どこにも希望のもてることはなかったと思います。私はまだ東京にいましたから、当時のようすはよく記憶していますが、三度の食事をとれたのは前年の十月までくらいで、とにかく腹を空《す》かしていました。主食はもとより、肉も野菜も魚も嗜好《しこう》品《ひん》もぜんぶ配給品《はいきゅうひん》です。……当時の私たちの生活は、たとえば四人家族にイワシが二匹といった状況でした。

『昭和史　1926-1945』

「大本営発表」は大ウソの代名詞

戦争を体験した世代には、大本営と聞くと太平洋戦争中に全部で八四六回あった「大本営発表」が思い出されてくる。

初期のころには、軍艦マーチと一緒に、ラジオから流れてきた〝勝った、勝った〟の「大本営発表」とともに国民は大そう熱狂した。おしまいころには海行かばの曲と一緒であった。撃滅したはずの機動部隊からの敵戦闘機がワンサワンサと本土空襲を始めるのであるから、国民は「大本営発表」をまったく信じなくなった。つまり「大本営発表」は大ウソの代名詞となる。

『昭和史残日録1926-45』

盲爆、盲爆、何だこれは！

……忘れられないのは〔編集部注：昭和二十年〕二月二十五日・日曜日の午後、雪のシンシンと降るなかでのB29百三十機の大空襲です。……遠くの高射砲の発射音が下で鳴ると、その破裂音が雲上で鳴り、この砲声を押しのけるようにして爆音が陰々と雪にこもって響いてくる。まったく姿が見えないのです。無気味この上ありませんでした。そしてシュルシュルシュルシュルと厚い絹地をひき裂くような爆弾の投下される音。見えないことがかえって恐怖心を起こさせます。……このときばかりは身体の芯《しん》から震え上がりました。

……その夜、大本営はこの日の空襲をこう発表しました。

「本二月二十五日午後、B29の約百三十機、主として帝都に侵入、雲上より盲爆せり」

たった一つの言葉に、わたくしは目をひきつけられました。盲爆、盲爆、何だこれは！　ただ人間を殺しさえすればいいということか。しかも武器ひとつもたないわたくしたちを。

『15歳の東京大空襲』

下町を地獄に一変させた東京大空襲

昭和二十年三月十日未明。

東京の上空は晴。……B29は単機または数機編隊で、一万メートルの高度で房総海岸まで接近すると、波打際で爆音をとめ空中滑走により高度を二、三〇〇〇メートルに下げ、月の光で冷たく光る東京湾から進入して爆撃行に移った。……目標は宮城（皇居）と中川の中間地区。それは人口の密集している東京の下町だった。零時八分、第一弾が投ぜられ、七分後、空襲警報が発せられた。

円形の炎と煙が数千メートルの上空に達した。その円筒を東から西へ、南から北へ突きぬけながら、二〇〇〇トン以上一八万八〇〇〇個の焼夷弾を投じて、三時間後にB29は去った。

人間が乾燥しきったイモ俵に火がつくように燃えた。火のついたカンナ屑のようでもあった。

都電が焼けただれ、架線が散らばった。屍体が道路の真中に散在している。火ぶくれの裸体。炭のようになった母子。消防自動車が火を噴いて走った。

火に追われ追われて逃げ、中川に飛びこんで私は生命をやっと拾った。

『隅田川の向う側』

死体整理の午後

当時通っていた七中（現墨田川高校）が焼け残っているのが見えたので、十日の午後に行ってみたんですよ。二、三十人ほど生徒が来てて、「いいところに来た」と軍手を渡されて、警防団の人たちとトラックで死体整理に行きました。……

とりあえず道路に倒れている人たちをトタン板の上に乗せて、トラックにヨイショと上げて、学校の校庭に運ぶ、その繰り返し。そのうち焼け崩れた防空壕を掘ったりすると、一家全滅とかに出くわすので、さすがに中学生にやらせる仕事じゃないと、一日でクビになりました。

『昭和史をどう生きたか』（吉村昭氏との対談にて）

民草はただ殺戮され、転がる

……辛うじて生きのびたわたくしが、この朝に、ほんとうに数限りなく眼にしたのはその「人間ですらない」ものであった。たしかにゴロゴロ転がっているのは炭化して真っ黒になった物。……それまでにもあまりにも多くの爆弾で吹きちぎられた死体の断片を見てきていたために、感覚がすっかり鈍磨しきっていて、転がっている人間の形をしたそれらがもう気にもならなかったのである。

戦争というものの恐ろしさの本質はそこにある。……何の落ち度もない、無辜《むこ》の人が無残に殺され転がるだけのことである。とくに二十一世紀の戦争は、人間的なものなど微塵もないほどにいっそう非人間的な様相を呈するようになっている。しかも非情な兵器の威力は人間の想像を超えた。殺人に容赦はなく、大義の有無や正邪などは問われることなく、われら民草はただ殺戮されることになる。

『B面昭和史 1926-1945』

「絶対」を信じない

……焼け跡にポツンと立ちながら、俺はこれからは「絶対」という言葉を使うまい、とただひとつ、そのことを思いました。絶対に正義は勝つ。絶対に神風が吹く。絶対に日本は負けない。絶対にわが家は焼けない。絶対に焼夷弾は消せる。絶対に俺は人を殺さない。絶対に……と、どのくらいまわりに絶対があり、その絶対を信じていたことか。それが虚《むな》しい、自分勝手な信念であることかを、このあっけらかんとした焼け跡が思いしらせてくれたのです。俺が死なないですんだのも偶然なら、生きていることだって偶然にすぎないではないか。中学生の浅知恵であるかもしれません。でも、いらい、わたくしは「絶対」という言葉を口にも筆にもしたことはありません。

『15歳の東京大空襲』

翌朝会えなかった友達

……太平洋戦争末期、中学三年生、勤労動員で働いていた軍需工場の出口で、「じゃ、また明日な」と手を振って別れた友が、翌朝には姿を見せないことがしばしばでした。夜間の空襲でまともに爆弾をうけて亡くなったことを後で知らされたのですが、そんな友の泣きべそをかいた顔がときどき浮かぶのです。

『文士の遺言』

「新型爆弾」とは何ぞや

どうも戦争の熱狂は人間を愚劣《ぐれつ》かつ無責任に仕立て上げるようです。とてつもない強力な兵器を、それも膨大《ぼうだい》な資金と労力をかけてつくったのだから、使わないのはおかしいじゃないか、と軍人のみならず政治家も含めてたいていのアメリカ人は考えたようです。

……八月七日、国民には新聞やラジオで次のように報じられました。

「一、昨八月六日広島市は敵B29少数機の攻撃により相当の被害を生じたり
一、敵は右攻撃に新型爆弾を使用せるものの如《ごと》きも詳細目下《もっか》調査中なり」

ですから私たちはその頃、原子爆弾という言葉を知らず、「新型爆弾」と言っていた記憶が鮮明に残っています。

『昭和史 1926-1945』

ごわさんになった大日本帝国

天皇放送は、勤労動員さきの津上製作所の工場内で聴いた。動きをとめた機械工場内は妙に静かだったが、天皇の声は必ずしも明確には聞きとれなかった。それでもよく知られている「堪え難きを堪え、忍び難きを忍び」と、「ポツダム宣言を受諾せんと欲す」という言葉はよく聞きとれた。それで、ああ、大日本帝国は負けたんだな、とすぐにわかったが、それよりも天皇の、一種異様な、常人と違った抑揚のついた朗読が妙におかしく聞こえ、私の内心では珍妙な連想がわきおこり、思わずクスリとなった。

それは「隅田川の向う側」のソロバン塾での、先生の数字の読み上げだった。……御破算で願いましては……五十六円なり八十八円なり……。

「そうだ、とうとう大日本帝国はごわ（五八）さんになったんだ」と思った。

『隅田川の向う側』

月光は変わらず

たしかに、月光をうけながら歩いていると、月光に全身が濡れるような気がしてくる。そしてあまり句を詠まないわたくしなんかも、一句詠みたくなる。「月今宵生き残りたる街をゆく」。左様、いまから七十年ほど前にも、蕭條たる焼野原に月は皓々と照っていた。

『歴史のくずかご』

せっかく生きのびたのに……

……これまでの戦争中のことを思い返して、苦しかったし長かったが、ビンタをさんざん喰らい、苦しみつつも最善をつくし、そして堪えてきたこと。そして空襲で死にそこなったのに、なぜか生き残ったこと。空襲で黒焦げて焼死した人を山ほども見たこと。歓呼の声で送りだして戦って戦ってほんとうに多くの人が死んだこと。生き残ったものはそれを黙って見守るしかなかったこと。その責任はいったいだれがとるのかということ。そうした大事なことをこの日〔編集部注：日本が降伏文書に調印した昭和二十年九月二日〕にまったく考えようともしなかったのはたしかである。

そのことがいまは、せっかく生きのびたのに情けないことであったと思っている。

『B面昭和史 1926-1945』

カボチャを一生分食べた年

……終戦直後となれば、くい（九一）ものの話ははずせない。とにかく何でも食った。キリギリスも敬遠するような香の物だけで一食すませたこともある。サツマ芋の茎《くき》はうまかったが、カボチャの葉っパのつけ根のところを食ったときにはほとほと閉口した。のどがかゆくてかゆくて転げまわった。カボチャはさっきも書いたが、一生分食った気がする。終戦の翌年はカボチャの豊作だった。

『隅田川の向う側』

闇市生まれの顔付き

……「市場」というのは闇市のことで、戦争中盛んに言われた、「日本は世界に冠たる国民」なんて顔付きはなくなり、人間がぜーんぶ変わってしまって、闇市から突如として生まれ出たあんちゃん、おっさん、ばあさんばかりになったという印象である、この感慨はおそらく当時の心ある日本人は皆もったんじゃないでしょうか。

『昭和史 戦後編 1945-1989』

ノミとシラミと南京虫

……戦後の日本人は体じゅうにノミがいるというか、家にもノミとシラミと南京虫《なんきんむし》を飼っていたみたいなもんですから、時折、着ている服からシラミをつまみ出してはプチンプチンと潰《つぶ》すのが楽しみでもありました。そのノミ、シラミ、南京虫の連中が、DDTという真っ白な粉をふりかけた途端にたちまち駆除《くじょ》されていなくなってしまうんですよ。驚いたねぇ。これでわれわれは毎日のカイカイ（痒い痒い）から逃れられたんです。アメリカって国はすごいなぁ、と頭をガーンと殴られたようにショックだったのを覚えています。

『昭和史　戦後編　1945-1989』

自分で考えた山田風太郎

……大学生の山田風太郎日記の二月四日の項である。長文のごく一部を。……

「とにかく世間がどう騒いで廻《まわ》ろうと、俺は、はっきりという。／日本は決して『自由』も『平和』も獲得していない。客観的情勢は冷酷に、日本のゆくてに暗い寒ざむとした墓場を示している。このことを、日本人が明確に、徹底的に知った時でなければ、日本は再起出来ないであろう。／自由と平和は、自分で摑《つか》むべきものであって、決して与えられて享楽出来るしろものではないのだ」

ほとんどの知識人が、占領軍の権威に仮託して偉そうに民主主義の教訓を新聞や雑誌で垂れているときに、この直截《ちょくせつ》にして正当な、自分自身の考えにもとづく発言のすばらしさ。……脱帽するばかりである。そして負け惜しみながら、当時これを読む機会があったならば、精神の芯《しん》から同感したにちがいない。

『日本国憲法の二〇〇日』

共産党と革命的熱狂

……今でも覚えていますが、あちこちで追放の大騒ぎが起こっている昭和二十一年一月下旬に、やがて日本共産党の議長を務めることになる野坂参三が中国の新疆《しんきょう》からこうもり傘一本で帰ってきて、代々木の党本部に入った。

幣原内閣の内務大臣が追放を喰ったりしたので、幣原さんがもう辞めると言ったんだけれども、ここは乗り切れというので改造をやって、新閣僚名簿を天皇のところに届けて、最初の閣議を終えた。ちょうどそのときに、堂々と野坂参三が代々木に入った。愉快なのは、そのときの新聞記者の集まり具合なんですよ。幣原内閣のほうへは十人、代々木は百人。民衆は代々木の共産党本部を取り巻いて「万歳！ 万歳！」です。これが事実です。ああいう熱狂を見ていると、日本にいまにも革命が起きるんじゃないかと思わないでもなかったですね。

『占領下日本〈上〉』（竹内修司氏、保阪正康氏、松本健一氏らとの座談会にて）

消えた皿・鍋・釜

要するに教育の民主化というわけなんです。今までの文字のように、ある程度の学問がなければ読めないというのはよくない、民主化したほうがいいというので、漢字削減論者が俄然力を入れてきました。……その結果、昭和二十一年十一月十六日の発表ということになりました。

……最初は一八五〇字の当用漢字を作りました。その後、これではちょっと少ないというので、常用漢字という形に直して一九四五字になりますが、最初の当用漢字の一八五〇字は、いっぺんに新聞発表になりました。

僕はそのころ中学四年生でしたから、実をいうと喜んだのです。「これはずいぶん楽になった。難儀な漢字がなくなってよかった……」

……皿とか鍋とか釜とか、こういう字が一切なくなりました。「あたり前じゃないか、空襲でみんな焼けちゃったんだから」と馬鹿なことを言ったのを覚えていますけれど。

『占領下日本〈上〉』（竹内修司氏、保阪正康氏、松本健一氏らとの座談会にて）

新仮名遣いは文化破壊？

……実は語源的考察からいうと大問題なんですよ。

……旧仮名遣いというのは語源を示唆していて、とても重要なんです。ところが新仮名では、それが全くわからなくなりました。つまり言語は、そういうところが大事なんですから、現代語音に直したんだからいいじゃないかという議論は、実は文化的破壊につながっているとも言えると思うんです。

……あの志賀直哉さんが国語をフランス語にしろ、なんて言った時代ですから。この文学の神様がフランス語にしろって言っているのかと、中学生だった僕らでも本当かと思ったくらいです。つまり戦争に負けてから、日本語というものに対する日本人の意識というものは、かなり馬鹿にしたものになっていました。

『占領下日本〈上〉』(竹内修司氏、保阪正康氏、松本健一氏らとの座談会にて)

「第九条」はかりそめではない

新憲法がぐさっとわが胸に刺さったのは、天皇が国民の象徴になったことよりも、主権在民とかのお念仏よりも、日本の国家が戦争する権利を捨てたことであった。……戦争放棄は、GHQの押しつけや、にわか民主主義者の早とちりなんかではない。歴史的事実がある。

「第一条、条約国は各その人民の名において国際紛争解決のため、戦争に訴うることを罪悪と認め、且つその相互の関係において国策の手段としての戦争を放棄することを厳粛に宣言す」
これすなわち、一九二八年（昭和三）に米・日・英・仏・独・伊をふくめて一五ヵ国の代表によって調印された「不戦条約」の条約成文である。新憲法の条文とよく読みくらべてほしい。第九条には意味も意義もあるのである。日本だけの、かりそめではないのである。

『隅田川の向う側』

衝撃だった坂口安吾の天皇制論

……昭和二十三年に浦和高等学校（旧制）に入りまして、そのときに読んだのですが、いちばん驚いたのは（中略）天皇制論です。日本歴史上の天皇というものがこういうものだということを、これだけはっきり言ったのは、私の知っている限りでは坂口安吾が初めてでした。……

「天皇制というものは天皇によってもたらされたものではない。天皇は特に自ら陰謀を起こしたことはあるけれど、概して何もしておらず、その陰謀は常に成功した試しがなく、島流しになったり、山奥に逃げたり、そして常に政治的理由によって、その存在を認められてきた。社会的に忘れられた時にすら、政治的に担ぎ出されてくるのである。……」

……調べてみれば、ここに書かれているとおり、天皇というのは政治的に利用されただけのものですが、少なくとも戦前・戦中に習った範囲では、天皇は絶対的な存在でした。

『堕落論』といえば「堕ちよ、生きよ」というテーマで常に扱われているのですが、それとは異なる意味で、戦争直後の日本人の目を開かせたというところが、かなりあるのではないかというのが、『堕落論』に関する私の考え方です。

『占領下日本〈上〉』（竹内修司氏、保阪正康氏、松本健一氏らとの座談会にて）

荷風さんと東京裁判

……寮生活を送っていたわたくしは、午後三時すぎの、東京裁判判決のラジオ中継放送をよく覚えている。

「サダオ　アラキ、インプリズンメント・フォア・ライフ」、あるいは「ケンジ　ドイハラ、デス・バイ・ハンギング」と、終身刑と絞首刑とを交錯させながら、淡々と、何事もなきように宣告する裁判長ウェッブの声に耳を傾けた。荒木貞夫大将にはじまり東條英機大将をしんがりに、さらに三人の欠席被告の刑が言い渡されるまでわずかに十七分間。A級戦犯二十五人全員有罪、しかも量刑は死刑七人、終身刑十六人、有期刑二人という過酷なもの。……

この人々が、荷風さんのいう「旧軍閥の主魁《しゅかい》」と日本人の誰もが当時思っていたかどうか。いましきりにいわれるように、戦勝国の報復裁判あるいはみせしめの裁判であると見ていたかどうか。そのとき、十八歳のわたくしを含めて、一緒にラジオを聞いた高校生たちが示したのは静かな低頭と沈黙であった。

『荷風さんの戦後』

湯川さんから聞いたこと

……湯川秀樹さんのノーベル物理学賞受賞と、水泳の古橋廣之進選手の世界記録、それから黒澤明監督の映画『羅生門』のベネチア国際映画祭でのグランプリ獲得、この三つは日本人に明るい思いといいますか、大きな喜びを与えたということであったと思います。……

私は当時、浦和高等学校一年生だと思いますが、すごいもんだ、俺たちも理科にいくかと、とてもできないことを友人たちと話したのを覚えています。文藝春秋に入社してずいぶん経ってから湯川さんに会ったときに、そのときの話を聞きましたら、「運だよ。人間には運というのがある。それをどうやって摑むかというきっかけが大事なんよ」と、あっさりとした感じでしてね、ヘェー、そんなものなのかと。

『占領下日本〈上〉』（竹内修司氏、保阪正康氏、松本健一氏らとの座談会にて）

「戦後」の六段階

……拙著『昭和史　戦後篇』のまとめで、「戦後」を大きく六つに区分しました。

第一期　昭和二十年〜二十六年………占領の時代（Occupied Japan）

第二期　昭和二十七年〜三十五年……政治闘争の時代（独立回復から六〇年安保まで）

第三期　昭和三十六年〜四十年………経済高度成長前期（東京オリンピックまで）

第四期　昭和四十一年〜四十七年……経済高度成長後期（沖縄返還まで）

第五期　昭和四十八年〜五十七年……価値観見直しの時代

第六期　昭和五十八年〜現在…………国際化の時代

……この考えにはいまも変わりはありません。

『「戦後」を点検する』（保阪正康氏との対談にて）

同時に起こった清張ブームと週刊誌ブーム

清張さんが『点と線』を連載していたのは昭和三十二年だけど、作中の年代はもう少し前でしょう。日本の空は、昭和二十七年に講和条約が発効して初めて日本の空になった。それ以前はアメリカの空なんですよ。「この空はわが空ならず秋の空」という誰の句だったか忘れましたが、ジーンと来た覚えがあります。……

清張さんの小説が週刊誌に載って大いに読まれたのは昭和三十三年ぐらいからですが、この頃、東京の人は郊外に家を建て始めて、通勤時間が延びていったんです。だいたい三十分とか四十分ぐらいですね。そうすると、週刊誌連載の一回分、原稿用紙十七、八枚を読むのにちょうどいいんだと、清張さん自らがおっしゃっていたことがありました。それで清張ブームと週刊誌ブームが同時に起こったんだと思います。

『昭和史をどう生きたか』（佐野洋氏との対談にて）

この空のわがものとなり雲の峰

昭和二十七（一九五二）年七月一日、この年四月に講和条約発効、いらい独立した日本に、米軍は接収を解いて、羽田空港を返還してきた。同時に、「東京国際空港」として羽田は新たに発足することになった。

この報は少なからず日本人を喜ばした。滑走路の拡張、仮建築の本館の改善、発着施設の完備など問題山積なれど、とにかく国際的玄関を日本人の手で運営できるのである。これ以上の「独立」の証《あか》しはない。

「この空のわがものとなり雲の峰」

当時に詠んだわが駄句である。

『昭和史残日録 戦後篇』

筆を折るべきではなかった

……伊藤〔編集部注：正徳〕さんは昭和八年の国際連盟脱退のときに時事新報で論陣を張りまして、「脱退すべからず」と懸命に頑張った人です。新聞が一つ残らず脱退論で太鼓を叩いているときに、ですよ。結局脱退とわかったときに彼は筆を折った。……「いやあ、折るんじゃなかったね。最後までやるべきだった。決まったものならしょうがない、と最後のときに書いたんだが、決まってもやっぱり反対し続けるべきだった」といって盛んに嘆いていました。

そういう話を聞いているうちに、こういう話をちゃんと残していかなきゃならないと思い始めました。『週刊文春』が昭和三十四年四月に創刊されて、翌年の一月から伊藤正徳監修の形で『人物太平洋戦争』という連載を始めたんです。

『いま戦争と平和を語る』

立派な軍人、だけではない

……取材をしていろいろな軍人さんとお会いしているうちに、軍人さんのなかにも、ものすごく立派な人がいる半面、とんでもないやつもいるんだ、ということもよくわかりましてね。

その一方で、戦争というのは、私たちが思っているほどすべてが悪ではなくて、日本人の良さというのも、そこにあることはあるんだということも実感しました。だからできるだけ広く、公平にという言い方はいかがかと思うけど、冷静に現実を見ないと間違うぞ、と強く思いましたね。

『今、日本人に知ってもらいたいこと』（金子兜太氏との対談にて）

経済大国という選択

私は終戦時、旧制中学三年生でしたが、大学に入るくらいまで、戦後の新しい日本の建国は文化国家でいくものだと思ってたのです。「東洋のスイスたれ」と先生に言われてね。これからはスイスのように平和で文化的な国家をつくるんだとずっと思っていたら、ある日突然「これからは経済繁栄国家にするんだ」に変わっちゃった。朝鮮戦争のあとですね。……

本当は、いろいろな選択肢があったと思うのですがね。……ですが、昭和三十五年六月に例の〈編集部注：安保〉「騒動」になってしまう。それ以後、選択肢はなくなった。

『昭和史をどう生きたか』（辻井喬氏との対談にて）

昭和の終焉

……昭和天皇の葬列をテレビでみながら、明治二十一年六月、大日本帝国憲法を発布する直前の、枢密院での草案審議にあたって、時の枢密院議長伊藤博文がした演説を想起している。……

「我国にあって機軸とすべきは独り皇室あるのみ」と。

……いま、昭和天皇の葬列を送りながら、伊藤博文のいう〝機軸〟からやっと解放（？）されるような気がしている。近代日本がどうやら「欧米列強に伍す独立国」という目標を達成して幕をおろしたような気がしている、と書いたのは、その意味でもある。もちろん検証などすべくもない。昭和史を学んできた者の一種の歴史感覚というほかはない。

『昭和天皇ご自身による「天皇論」』

一強独裁を導いた小選挙区制

一九九〇年代初めに小選挙区制の話が出てきたのは、八八年に発覚したリクルート事件がきっかけでした。中選挙区制は金がかかりすぎるからこういう事件が起きる、だから比例代表制を導入するという。そのとき私は反対の声をあげました、というのもヒトラーが最初に出てきたのはこれなんです。彼は決して革命で出てきたのではなく、ちゃんと民主主義の手続きで出てきたのです。そのときの政治状況は少数政党の乱立で、その選挙法は小選挙区で比例代表制です。ナチス党はその選挙法をうまく利用して出てきた。結果がヒトラー独裁というわけです。同じことが日本でも起きますよ、必ず一強独裁を導きますよ、と話したんですが、あのときは誰も聞こうとしなかった。

『半藤一利　わが昭和史』

昭和の過ちを繰り返した平成の国家統制

……「特定秘密保護法」（二〇一三年一二月に成立、公布。一四年一二月に施行）なるものがあります。これが成立すると、国家機密を暴露したり、報道したりすると厳罰に処せられる。そもそも国や政権が何のために情報を隠そうとするのかといえば、その大半は、私たちの知る権利や生命財産を危うくするものばかりなんですよ。昭和史の事実がそれを証明しています。報道はそんなことをさせないために頑張らなければいけないですよ。

……まず、政治権力に屈してはいけない。歴史を振り返ればわかるように、権力側はきっと懐柔しようとします。それを承知しておいて、決して屈従しないことが大切です。それでなくとも、言論が不自由になりつつあるんですから、こちらから屈従するのは大間違いなんです。

『そして、メディアは日本を戦争に導いた』（保阪正康氏との対談にて）

残す価値のあるもの、ないもの

……平成の「文藝春秋」の特徴として、高名な政治家や経済人の主張がかなりのウエートを占めるようになっていました。……たとえば平成四年六月号で、細川護熙氏が「『自由社会連合』結党宣言」を、七月号でも「われ現代の頼朝とならん」を発表しています。そこで何やらご立派な改革の理想を語っていらっしゃるのですが、そもそも政治なんてものは、「一寸先は闇」という世界。これらは、当時はスクープ性のある記事だったかもしれませんが、二十年以上経過した今となっては、書いてあるのは全て架空の夢物語。そのほとんどが、〝失敗の記録〟であり何の歴史的価値もないということを、ほとほと感じました。

『「文藝春秋」にみる平成史』

いまだに「神国日本」⁉

いまから何年前のことであったでしょうか。首相森喜朗が「わが国は（天皇を中心とした）神の国である」といって民草をびっくりさせたことが思いだされました。あのとき、わたくしは腰が抜ける思いを味わったのですが、それでも首相はふざけていったのであろうと理解してやることにし、忘れることにしたのですが。

でも、この国はいったいどうなっているのかと思わせられるのは、この森発言はたしかにその直後は少し問題化しましたが、それもほんの一時のことでたちまち鎮静化してしまったことです。あるいは「神国日本」こそが日本の本質である、神聖なるわが国体を一言で喝破《かっぱ》している、と信じている人が、いまの日本には多いのか、そんな気がしないでもないのです。

『半藤一利　わが昭和史』

コンピュータ時代から見えてくること

……コンピュータの進歩は想像を絶しました。ワープロが会社に初めて入ってきたとき私はまだ現役の最後のころで、右手を骨折したために左手でぽんぽんとキーを押して文章を書いたりして、なるほど便利なものだなあと感心しました。そのときは、三十年でここまでくるとは想像もしていませんでした。将棋や囲碁で人間がＡＩ（人工知能）に負けるというじゃないですか。……それも含めてきちんと〔編集部注：平成の〕三十年の流れを語るなり、書くなりしてつかんでいけば、何かがわかるんじゃないでしょうか。

『半藤一利　わが昭和史』

大震災と大空襲

福島の原子力発電所の事故が問題となる前、最初の津波が襲ってきたときの宮城県や岩手県の町の様子は、東京大空襲そっくりでした。昭和二十年三月十日、焼け野原に立った私が、呆然としながら見た光景と同じでした。

……八十歳になって、まさか生きているうちにあのときの悲惨な風景をもういっぺん見なければならないとは思いもしませんでしたね。

『今、日本人に知ってもらいたいこと』（金子兜太氏との対談にて）

原発事故とかつての参謀たち

いま、これを書いているとき、日本国は、震度七の大地震と巨大津波と原発事故によって、未曾有の困難なときに遭遇しています。しかも、その一大事のなかにありながら、それを正しく認識していないのか、「想定外」と称して、この事態を正視しないままやり過ごそうとする関係当局の人びとの安易な態度や、科学者・技術者の社会的責任意識の欠如が、いささか目に余るようにも思われます。……「起きては困ることは起きないことにする」という、かつての参謀本部や軍令部の参謀たちと同じことをやっているなと思っていました。あとから糊塗《こと》しても間に合わない。「想定外」という言葉はまさしく「根拠なき自己過信」と同じことです。

『墨子よみがえる』

生前退位の本意

……今上天皇〈編集部注：現上皇陛下〉は自分は平和国家日本における「象徴」としての天皇の在り方を、即位して以来ずっと模索してきた。ただ存在するだけではなく、「日本国民統合の象徴」としてどのように行動し、どう振る舞うのか、そして何を語るべきか。憲法や皇室典範から逸脱しない範囲の中で、ご自分で考えぬいて、一つひとつ積み上げてきた。そして国民に敬《うやま》われ親しまれる象徴天皇像をつくりあげてきた。

そして、このかたちを残したい。それを皇太子と皇太子妃《ひ》〔編集部注：今上天皇皇后両陛下〕にしっかり受け継いでもらいたい。それが生前退位の意思を示された本意、本質なのではないか。

『歴史に「何を」学ぶのか』

第5章

過ちを二度と繰り返さないために、知ってほしいこと

「なぜ、こんなことが？」

戦争は、どの戦争であろうと、終ったあと「無意味であった」「無謀であった」と苦い悔恨をもって語られる。まさしくトロイ戦争から湾岸戦争まで、人類によってくりひろげられた「愚行」ということになるのであろう。しかし、ただ単に愚行としてすまされないものが、長じてもわが胸の底の底に残っていた。ぼう然と焼跡にたたずみながら、つくづくと思った「なぜ、こんなことが？」という問いが、ずっと小さな炎をあげて、わたくしの身体のどこかでくすぶりつづけていたのである。

『日本海軍の興亡』

正義の戦争はありえない

まったく戦争は、それが「聖戦」であろうと何であろうと、ワリに合わぬものである。いや、もっとはっきりいえば、戦争にはもともと聖戦などというものはない。正義の戦いというようなものはありえないと思う。

『昭和と日本人　失敗の本質』

「戦争はうその体系である」

だれの名言であるか忘れましたが、「戦争はうその体系である」というのがあります。その名言にそっていえば、わたくしは物心ついてから十五歳まで、その「うその体系」のなかで生きてきました。その後の七十年余の平和は、そのことをじっくり考えさせてくれました。

『B面昭和史 1926-1945』

人びとが「罪の意識」を感じなくなるとき

……国力が弱まり社会が混沌としてくると、人びとは強い英雄（独裁者）を希求するようになる。また、人びとの政治的無関心が高まると、それに乗じてつぎつぎに法が整備されることで権力の抑圧も強まり、そこにある種の危機が襲ってくるともう後戻りはできなくなる。あるいはまた、同じ勇ましいフレーズをくり返し聞かされることで思考が停止し、強いものに従うことが一種の幸福感となる。そして同調する多くの仲間が生まれ、自分たちと異なる考えをもつものを軽蔑し、それを攻撃することが罪と思われなくなる、……

『B面昭和史 1926-1945』

ズレていた日本人の戦争観

もともと日本人の戦争というのは民衆と関係なかった。それが日本の文化として伝わってきたと思います。

……わたくしも子供のころ、「総力戦、総力戦」という言葉はずいぶん聞きましたけれども、「戦場も内地もないんだ」と厳密に教わったことはなかったような気がします。ですから、外へ行った兵隊たちも、おそらく何も考えなかったんじゃないでしょうか。

つまり、敵と単なる民衆との区別がなかったんじゃないか。……基本問題として日本人の戦争観が近代的じゃなかったままで近代戦を戦ったという感じがしますね。

『「BC級裁判」を読む』（秦郁彦氏、保阪正康氏、井上亮氏らとの座談会にて）

歴史は選択の連続

簡単に言えば、満洲事変というのは日本の侵略戦争です。……あれから軍部は「要するに勝てばいいんだ」「勝てば官軍」というふうになったと思います。

二・二六事件はひと言でいえば「恐怖の梃子《てこ》」ですよ。あの恐怖の梃子が抜き差しならないぐらい大きな形になってくる。……

それから、三国同盟は太平洋戦争を決定づけましたね。……歴史というのは、大事な転換の局面でどちらを選ぶかという選択の連続ですから、このときにもうほかの選択肢はないくらい窮まったと思いますね。

『いま戦争と平和を語る』

開戦に至る人間心理

心理学者の岸田秀氏が名著『ものぐさ精神分析』に書いている。

「対米英宣戦布告はまさしく精神分裂病の発病である。……日中戦争の泥沼化、いわゆるＡＢＣＤラインに包囲されているという被迫害感、アメリカの対日禁輸などが外的自己の適応策を破綻させ、内的自己の立場を強め、最後にハル・ノートがだめを押した。追いつめられた日本は、辛うじて保っていた人格のバランスを崩し、抑えられていた内的自己が暴発し、ついに開戦となった」（「日本近代を精神分析する」より）

長い引用となったが、わたくしはこの分析に共感する。

『ドキュメント　太平洋戦争への道』

「さまざま」を「一つ」にする恐ろしさ

戦争はさまざまな階層の人びとの、さまざまな思いをいっしょくたにひっくるめて遂行されていく。戦意はいっそう昂揚されねばならない。人心は一つにまとめて鼓舞されつづけねばならない。動員される民草は軍国主義者でも全体主義者でもない。格別えらい思想をもっているのでもない。ただ、自分のすべきことだと思って一所懸命になっている。

『日露戦争史1』

スローガンにご用心

……日本人は奇妙なことに、ガラガラポンの「一からやり直し」に乗りやすいんです。今でも「維新」とか「改革」とかの声がかかると、一億一心になりやすい。「戦後レジームからの脱却」なんてカッコイイ言葉ですね。

しかし、事実はそんな易々とできるものではない。改革とは非情この上ないものなのです。

口当たりのいい、かっこいいスローガンにはよくよく気をつけなくてはいけない。

『もう一つの「幕末史」』

原爆は使うためにつくられた

つまり爆弾は敵にたいして使用するためにつくる、それ以外にどんな意味があるのか、というわけです。それがどんなにか恐ろしい結果をうむか、そのことは考えてもみない。戦争というものの非情さ無残さはそこにあります。ヒューマニズムといった美学あるいは倫理学の入りこむ余地はまったくないんです。

『あの戦争と日本人』

餓死者は戦闘死を上回る

広義の飢餓とは、栄養失調による死亡も含まれます。餓死と同じぐらいのかたちで亡くなった兵隊さんも入るわけでございます。南の島に送られて、おいてきぼりにされて、もちろん薬の補給も食糧の補給もなしにたくさんの方が飢えて亡くなった。それはじっさいの戦闘で亡くなった人の数を上回る。

つまり、太平洋戦争とはまったく兵站・補給を無視した戦争でした。

『体験から歴史へ』

三百十万人の犠牲者の上に

……戦後七十五年を過ぎて、「特定秘密」保護法だの、共謀罪を加えての「組織犯罪」処罰法だのの法律の強引な通過、さらには「緊急事態」「基地攻撃」という言葉が主張され、それに備えて「憲法改正」が日常茶飯のように高唱されている。数の力で押しまくってきた「一強政治」は倒れたものの、東京新聞によれば、（二〇二〇年）八月三十一日、「私の後継者も日米同盟を強化する方針に変わりはない。安心してほしい」と、その前首相は米大統領に電話で伝えたというから、新首相に自浄作用は望めない。いまの政治家諸公は、三百十万人もの「したいこともできず」生命を散らしていった尊い犠牲者の上に、はじめて自由と繁栄が得られたのだということを完全に忘れているようです。

『半藤一利　わが昭和史』

日本人よ、自身の過去を見る目に厳しくあれ

戦前・戦中・戦後とつづく日本の過去は、間違いなくわれわれの過去なのである。その歴史をいろいろな人間の選択的行動の連続として捉え直し、だれをも美化しないという厳しさで、われら日本人の主体の責任を問う姿勢を、なぜもてなかったのか。……みずからの所属する共同体の利益のために、「聖戦」を正当化するのは、危険

な幻想にほかならない。

『昭和と日本人　失敗の本質』

外交の七つの心得

〈編集部注：ハロルド〉ニコルソン氏はいう。外交官に必要な資質はつぎの七つであると。

その第一は正直で嘘《うそ》をつかない「誠実さ」。第二が「正確」、交わされた文書などをきちんと確認できる技術をもっていること。第三が「平静」を保つ能力。すぐカッカとならないことである。第四には、穏和《おんわ》を保持しながら、相手をカッカとさせることのできる駆け引き。第五が「忍耐」。とにかく辛抱が肝腎《かんじん》なんである。第六が「謙虚であること」、いい恰好《かっこう》しいとか驕慢《きょうまん》はまったく不要なり。そして最後の第七、国家や国民にたいする「忠誠心」がなくてはならない、と。

それで想起されてくるのは、明治三十八年（一九〇五）九月の、日露戦争をともかくも終わらせることに成功したポーツマス会議での小村寿太郎である。このニコルソンのいう七つの心得の条をすべて具現して、見事に条約締結に成功した。あっぱれな外交官というほかはない。

『「昭和史」を歩きながら考える』

「ノー」を言えなかった代償

……日露戦争の後、一等国としてのイエス、イエスの煽りをそのまま引きずってきて、昭和になって海軍軍縮条約からの脱退や、リットン調査団報告からの国際連盟脱退、そして、ノモンハン事件と、国際関係を悪くする一方で軌道修正ができず、イエスの連続という間違った選択肢を限りなく選び続けてしまったわけですね。……

その場その場で、イエスかノーかを判断しているように見えて、実は過去の判断に引きずられていて、リアリスティックに考えたら明らかにノーであっても、ノーと言えない状況に追い込まれていくということですね。

『世界史としての日本史』(出口治明氏との対談にて)

「未曽有の危機」に対する心構え

国家が危機に直面したとき、その瞬間に、危機の大きさと真の意味を知ることは容易ではないのです。しかも、人間には「損失」「不確実」「危険」を何とか避けようとする本能というか心理があるといいます。……大事なのは、この三つから逃げ出そうとせず、起きてしまった危機を、失敗を徹底的に検証して、知恵をふりしぼって、次なる危機に備え、起きた場合にはそれを乗り切るだけの研究と才覚と覚悟とをきちんと身につけておくことです。そのためにも、……私たち日本人の愚劣さ、見たくない本質を正しく見つめ直すことが大切だと思うのです。

『日本型リーダーはなぜ失敗するのか』

失言のこわさ

……渡辺銀行は不良債権をかかえ四苦八苦していた。なんとか持ちこたえようと、休業し一時的に支払いを停止しようとした。

……折から衆議院予算総会がひらかれていた。蔵相片岡直温《なおはる》が答弁に立ち、財政困難をるる述べているときに、次官からメモがまわされてきた。蔵相はそれを読み、キッとなって、

「今日の正午ごろ、渡辺銀行が破綻《はたん》いたしました」

……日本中が騒然となった。第一次世界大戦後の不景気に加えて関東大震災による混乱で、金融界は不安動揺しているときであったからである。大勢の預金者が銀行につめかけ取り付け騒ぎが起きた。……全国にひろがって、倒産や休業に追いこまれる銀行が続出。この失言が、昭和史を暗黒におとしいれるそもそもの原因となったのである。

『昭和史残日録1926-45』

転換点は短命内閣がつづくもの

……二・二六事件からわずか四年足らず、総理は広田弘毅、林銑十郎、近衛文麿、平沼騏一郎、阿部信行そして米内光政と六人を数えます。近衛文麿がやや長くその椅子にありましたが、いずれの内閣も短命でした。歴史の転換点というのがそういう型で現れてくるのはいつの時代にもいえるようです。

『聯合艦隊司令長官 山本五十六』

人のふんどしで相撲をとるな

独ソ戦争が始まったときに日本は〈編集部注：日独伊三国〉同盟を脱退する選択をすればよかった。それは国際法的に正しい選択でしたよ。脱退しなかったのは、ドイツが勝つのを当てにしていたからです。人のふんどしで相撲をとっちゃいかんのです。

『いま戦争と平和を語る』

リーダーは説明を怠るべからず

山本五十六という人は、越後人の悪いところもそっくり持っています。リーダーが、周囲にしっかりと何のためにこの作戦をやるのか説明をしない。これはやはりよくない。山本五十六は名将だが肝心要のところで残念ながらダメなのです。リーダーが、「分かるやつにしか分からない」と説明を怠ってはいけません。

『昭和史をどう生きたか』（戸高一成氏との対談にて）

「日本国に明日はない」

昭和が終って日本はますます悪くなったと司馬さんがわたくしに語ったのは、亡くなる一年前のことであった。……それを救い得るものがあるとすれば、「諸君は功業をなし給え。僕は大事をなす」（吉田松陰の言葉）といった透き通った格調の高い精神だけしかない、とも言った。

その上にさらに、いまの日本人は歴史に目をつむって真面目さを失い、資源のない〝持たざる国〟というリアリズムに徹しようともせず、もういっぺん大国主義をやり直したいかのように、平和憲法に飽いてガタガタ揺さぶっている。憲法を変えて、いったいどういう国をつくろうというのか。このままじゃあ「日本国に明日はないね」とわたくしはつけ加えたい。

『若い読者のための日本近代史』

四十年周期ということ

……だいたい四十年周期なんです。明治国家をつくり出してから日露戦争までが四十年。日露戦争から太平洋戦争が終わるまでが四十年。占領の六年間を外して、戦後日本をつくり出してから経済大国をつくり上げるまでが、これまた約四十年。そしていま、若い人たちは飽き足らない。何かを変えたくてしょうがない。平和憲法の問題も、とにかく機軸を変えたいのだと思うんです。

『昭和史をどう生きたか』（辻井喬氏との対談にて）

進歩と成長はつづかない

……われわれは「進歩」と「成長」とが絵空事であることに目をくれようとはしなかった。それは果てしなくつづくものと固く信じた。科学と技術の振興こそが人間の至福をかなえる唯一無二の手段であると、誰もが確信していたのである。そして、その陰にさまざまな、早急に解決しておかねばならなかった諸問題が、放置されたままになっていることに、気付いても気付かないふりをしていたのである。

『「昭和史」を歩きながら考える』

情報化時代は思考停止時代

情報化時代とやらは、おしゃべり上手なヤツの天下といえる。ありあまる情報で、われわれは何でも知っているような気分にさせられる。しかし、よくよく考えると何一つわかっていない。情報化時代とは、思考停止の時代であり、奮闘努力したくなくなる時代であり、真に「知る」ことの本質から限りなく遠ざかる時代であるようである。

『墨子よみがえる』

衰退する枝に入った植物は必ず滅びる

今の日本も、この官僚主導体制がまさに牛耳《ぎゅうじ》っているといっていいのではありませんか。

幕末は、サムライが自己変革して新しい国家をつくろうと、だれもかれもが真摯《しんし》に身を挺してあるだけの力を出しきりました。そしてすぐれた人材をどんどん起用しました。

さて、今のこの国にそれだけの「自己変革の力」があるのでしょうか。

進化論で言うと、衰退する枝にひとたび入ってしまった植物はかならず滅びると言いますから。

『もう一つの「幕末史」』

戦争が形を変えた二十一世紀

二十一世紀は戦争そのものが変容してしまった。戦争の理論化に、過去にはなかった多くの未知の論理が含まれるようになった。非情な兵器も人間の想像を超えた。結果は、二十一世紀もまた、「戦争の、それもより大量殺戮の世紀」となる危険性がますます強大化している、ということになる。

核と放射能の恐怖の消えるどころの話ではない以上は、〔編集部注：アイバン・A・〕

ゲッティングの予言「二〇〇〇～二〇五〇――戦争数百二十、死者四十五億五千万人」を単なる妄想ときめつけてしまうわけには、やっぱりいかなくなってくる。

『墨子よみがえる』

人類滅亡の日

二十一世紀の現代も何となく末法思想が力をもちだしている。地球上のあちらこちらで戦争が勃発している。しかもハイテクの駆使で、強者は死ぬこともなく、弱者を抹殺することも可能である。日本の周りでもキナ臭さは紛々たるもの。人類滅亡の日も近いのではないか、と漠然とそんな感想をもったりしている。

『名言で楽しむ日本史』

大地的な意識からの脱却を

日本が海洋民族たらんとしたとき、国民性そのものに実は根本的な変化が要求されたはずであった。それまでの陸地的な、大地的な意識からの脱却である。硬直した精神とは無縁になることである。海に向かってひらかれた眼とは、国際社会の変化の深さを読みとる眼でもある。国家にとらわれない国際社会という大きな観点からものを見ることのできる眼である。外にひらかれた眼は、ときには国家を超越する。しかし、歴史を予見する眼なのである。

『日本海軍の興亡』

「足るを知れ」でなく「足るを知る」

「足るを知る」というのは、あくまでみずから「知る」ことなんですね。「足るを知れ」ではないんです。日本人の精神構造のプリンシプルと言えると思いますが、そうした意味での「足るを知る」というのは、一人ひとりの日本人が自分自身で知らなくてはいけないことなんです。人が強制するものではなくて、極意としてみんな知らなくてはいけない。ここから先は欲望を抑えます、自然を大事にします、というのは自分たちで決めなくてはいけない話です。それが資源のない、島国に住む私たちにとっていちばんいい心得だと思います。

『昭和史をどう生きたか』(野坂昭如氏との対談にて)

隅田川に橋が多いワケ

なぜ、こんなにいっぺんに橋が架けられたのか。……突然の国策の変更で、造船工場に閑古鳥が大鳴きに鳴くようになってしまったからでもあった。すなわち、大正十一年(一九二二)二月に調印されたワシントン海軍軍縮条約で(翌十二年発効)、日本海軍が建造を予定していた戦艦や空母がのこらず造れなくなった。お蔭で鉄鋼も多量に余るし、人手が余剰この上ないくらい浮いた。よかろう、それならばその鉄鋼も人手もみんな隅田川の架橋にそそぎ込めと、決断はまことに早かった。……

膨大な金を使って強力な軍隊をつくるよりも、平和利用のほうがはるかにタメになるという教訓が、隅田川を跨《また》いでならんでいる。


『ぶらり日本史散策』

許そう。しかし忘れない

……ビルマ（現ミャンマー）とタイとの国境、クワイ川にかかっていた橋のそばの展示館には、いまも「許そう。しかし忘れない」と記された記念碑が残っているという。

……イギリス兵の捕虜と現地人を使っての鉄道敷設の突貫工事は完工し、「戦場にかける橋」も落ちることなく無事に架かったのである。鉄道完成は昭和十八年十月十七日、大本営命令による予定の八月末より遅れること四十余日である。

しかし、日本軍がもくろんでいたタイから戦場であるビルマへの補給路としての折角の鉄道の役割は、連合軍の爆撃でまったく果たせなかった。現地人三万人、英兵捕虜一万人、日本人一千人の死は何のためであったのか。……
いまさらのことながら、戦争とは何と無残であり、無駄なことか。

『昭和史残日録1926-45』

心の中に平和の砦を

インパール作戦の菊兵団が守備していたミートキーナ（現ミッチーナー）が陥落して退却せざるをえなくなったときの話で、丸山豊さんが書いた『月白の道』から引用した一文のことは、いまでも忘れられません。

「私はつくづくと、戦争にたいする一個の人間の非力を思った。じつに徹底して非力である。しかし私は思いかえすのであった。たしかに一個の人間は砂よりも微弱だが、けっして、永遠に非力であってはならない、と」

そうなんです、われわれは永遠に非力であってはならないんです。心の中に平和の砦《とりで》を築かねばならない、それが最高の昭和史の教訓ではないか、と……

『半藤一利　橋をつくる人』

生きている重みをいつくしむ

戦争によって人間は被害者になるが、同時に傍観者にもなりうるし、加害者になることもある。そこがはじまってしまった戦争の真の恐ろしさなんです。

そう考えると、これからの人間のすべきことが自然に浮かんできます。自分たちの生活のなかから〝平和〟に反するような行動原理を徹底的に駆逐すること、そのことにつきます。何よりも人間を尊重し、生きていることの重みをいつくしむこと、それ以外に戦争をとめる最良の行動はありません。ふだんの努力をそこにおくのです。はじまってしまってはそれまでです。はじまる前にいつもそのことを考えているべきなのです。

『15歳の東京大空襲』

死者は思い出すかぎり生きている

「戦陣ニ死シ職域ニ殉ジ非命ニ斃レタル者及其ノ遺族ニ想ヲ致セバ五内為ニ裂ク」

ここ十年ほど毎年八月の、六日のヒロシマ、九日のナガサキそしてソ連侵攻、十五日の玉音放送と、遠い敗戦を思う日がめぐってくると、終戦の詔書のなかのこの文言を、ぶつぶつ経文のように唱えて起きるのがわたくしは朝のしきたりとなっています。今年もまたその八月がきます。死者は私達が思い出すかぎり生きている。戦後六十五年の八月の感想を問われれば、わたくしはそう答えることのほかに言葉はありません。

『あの戦争と日本人』

唯一、日本が担える役割

日本がまた戦争のできる国になることを憂える声は聞こえてきますが、私は正直、まだ間に合うと思うんです。せっかく日本は戦後七十余年、危うい面もあったが、戦争をしない、決して攻撃はしない国を築いてきました。平和というものは国民の努力によって支え、保つことができるんだということを、日本人は七十年かかって世界に示してきたんです。それを世界に広げるという積極的な役割を担うことができる、日本は世界で唯一の国なんです。

『半藤一利 わが昭和史』

人間は絶望しちゃいかん

人間は絶望しちゃいかんと思います。憲法はじきに変えられちゃうんだから、とか、投票に行っても同じだとか、あっさり決めてしまっちゃいかん。私たちにはまだまだ、うんと努力しないといけないことがあるんです。

『半藤一利　橋をつくる人』

これからの若者たちに期待する

……市民の活動が、ぼくらが想像もしないかたちで出てきています。その点はずいぶん違うし、大きな力だと思います。だから救いはあるんです。歴史を知らない世代から生まれた新しい民主主義の担い手に、大いに私は期待しているんです。

『B面昭和史 1926-1945』（澤地久枝氏との対談にて）

日本よ、平和でいつまでも穏やかな国であれ

不惜身命とか一死報国とか、生命の軽々としていた時代、お前たちの生命は二十年だぞといわれ、生きることよりいさぎよく死ぬ覚悟をひたすら鍛えていた時代。本気

で、木銃《もくじゅう》をもって白兵戦の訓練をしていた時代。それにくらべていまは……。いやいや、くらべるまでもありません。余計なお節介でしょう。とにかく、いまはただ、若ものたちがやたらに賞揚され、おだてられ、かわりにその生命が安くなる時代の到来だけは何があっても阻止しなくてはならぬ、日本よ、平和でいつまでも穏やかな国であれ、とわたくしは切に祈るだけなのです。

『半藤一利　わが昭和史』

出典著作一覧

『あの戦争と日本人』文春文庫
『いま戦争と平和を語る』日経ビジネス人文庫
『今、日本人に知ってもらいたいこと』ベストセラーズ
『荷風さんの昭和』ちくま文庫
『荷風さんの戦後』ちくま文庫
『指揮官と参謀』文春文庫
「司馬文学再読12」／産経新聞／1996年5月31日付
『15歳の東京大空襲』ちくまプリマー新書
『昭和史　1926-1945』平凡社ライブラリー
『昭和史　戦後篇　1945-1989』平凡社ライブラリー
『昭和史残日録　1926-1945』ちくま文庫
『昭和史残日録　戦後篇』ちくま文庫
『昭和史探索〈5〉一九二六―四五』ちくま文庫
『昭和史探索〈6〉一九二六―四五』ちくま文庫
『「昭和史」を歩きながら考える』PHP文庫
『昭和史をどう生きたか』文春文庫
『昭和天皇ご自身による「天皇論」』講談社文庫
『「昭和天皇実録」にみる開戦と終戦』岩波ブックレット
『昭和と日本人　失敗の本質』中経の文庫
『「昭和」を点検する』講談社現代新書
『「真珠湾」の日』文春文庫
『隅田川の向う側』ちくま文庫
『清張さんと司馬さん　昭和の巨人を語る』NHK人間講座／2001年10月～11月期
『世界史としての日本史』小学館新書
『世界史のなかの昭和史』平凡社ライブラリー

『「戦後」を点検する』講談社現代新書
『占領下日本〈上〉』ちくま文庫
『賊軍の昭和史』東洋経済新報社
『そして、メディアは日本を戦争へ導いた』文春文庫
『ソ連が満洲に侵攻した夏』文藝春秋
『体験から歴史へ』講談社
『徹底検証　日清・日露戦争』文春新書
『「東京裁判」を読む』日本経済新聞出版社
『ドキュメント 太平洋戦争への道』ＰＨＰ文庫
『21世紀の戦争論』文春新書
『21世紀への伝言』文藝春秋
『日露戦争史１』平凡社ライブラリー
『日露戦争史２』平凡社ライブラリー
『日露戦争史３』平凡社ライブラリー
『日本海軍の興亡』ＰＨＰ文庫
『日本型リーダーはなぜ失敗するのか』文春新書
『日本国憲法の二〇〇日』文春文庫
『日本のいちばん長い夏』文春新書
『ノモンハンの夏』文藝春秋
『幕末史』新潮文庫
『半藤一利 橋をつくる人』のこす言葉 KOKORO BOOKLET
平凡社
『半藤一利 わが昭和史』平凡社新書
『「BC級裁判」を読む』日本経済新聞出版社
『B面昭和史 1926-1945』平凡社ライブラリー
『ぶらり日本史散策』文春文庫
『「文藝春秋」にみる平成史』文藝春秋
『文士の遺言』講談社

『墨子よみがえる』平凡社ライブラリー
『マッカーサーと日本占領』ＰＨＰ研究所
『名言で楽しむ日本史』平凡社ライブラリー
『もう一つの「幕末史」』三笠書房
『歴史探偵かんじん帳』毎日新聞社
『歴史探偵の愉しみ』ＰＨＰ研究所
『歴史に「何を」学ぶのか』ちくまプリマー新書
『歴史のくずかご』文春文庫
『歴史をあるく、文学をゆく』平凡社
『聯合艦隊司令長官 山本五十六』文春文庫
『若い読者のための日本近代史』ＰＨＰ文庫
『父が子に教える昭和史』文春新書

著者略歴

半藤一利（はんどう・かずとし）

1930年、東京都生まれ。東京大学文学部卒業後、文藝春秋入社。「週刊文春」「文藝春秋」編集長、取締役などを経て作家。著書に『日本のいちばん長い日』『漱石先生ぞな、もし』（正続、新田次郎文学賞）、『ノモンハンの夏』（山本七平賞）、『［真珠湾］の日』（以上、文藝春秋）、『幕末史』（新潮社）、『B面昭和史 1926-1945』『世界史のなかの昭和史』『墨子よみがえる――“非戦”への奮闘努力のために』（以上、平凡社）など多数。『昭和史 1926-1945』『昭和史 戦後篇 1945-1989』（平凡社）で毎日出版文化賞特別賞を受賞。2021年1月12日、没。

SB新書　584

父《ちち》から子《こ》に伝《つた》えたい戦争《せんそう》の歴史《れきし》

2022年6月15日　初版第1刷発行

著　者　半藤一利《はんどうかずとし》

発行者　小川 淳

発行所　SBクリエイティブ株式会社
〒106-0032　東京都港区六本木2-4-5
電話：03-5549-1201（営業部）

装　丁　杉山健太郎

本文デザイン・DTP　アーティザンカンパニー株式会社

編集協力　山本明子

制作協力　株式会社アイ・ティ・コム、福島結実子

印刷・製本　大日本印刷株式会社

本書をお読みになったご意見・ご感想を下記URL、
または左記QRコードよりお寄せください。

https://isbn2.sbcr.jp/16243/

落丁本、乱丁本は小社営業部にてお取り替えいたします。定価はカバーに記載されております。本書の内容に関するご質問等は、小社学芸書籍編集部まで必ず書面にてご連絡いただきますようお願いいたします。

ISBN 978-4-8156-1624-3